'바른 영상' 수업

초판 1쇄 찍음 2021년 5월 31일
초판 1쇄 펴냄 2021년 5월 31일
지은이 심채윤
펴낸이 강하라, 심채윤
편집 강하라
디자인 Studio KIO
인쇄 및 제책 3P
펴낸곳 껴안음
출판등록 2020년 1월 17일 제2020-000005호
주소 서울시 용산구 한남대로27가길 32
전자우편 kkyeanumm@gmail.com
ISBN 979-11-970109-1-0

본 책의 내지는 재생지를 사용하였습니다.

이 정도는 알고 갑시다.

사전 제작 Pre-production

제작 Production

후 제작 Post-production

영상을 보는 것에도 공부가 필요한 이유

- 활자 시대에서 영상 시대로

강남에 가야 할 일이 생겼다. 복잡한 도심으로 갈 때는 지하철이나 버스가 좋다. 잠시 앉아서 주위를 살펴보니 사람들은 모두 연결되어 있었다. 스마트폰을 손에 쥔 채 각자만의 방법으로 세상과 연결되어 있었다. 언제 어디서나 인터넷에 접속할 수 있는 우리는 늘 연결되어 있다. 대학에서 처음 멀티미디어를 접했을 때가 생각났다. 밀레니엄으로 접어드는 그 시기에 교수님이 했던 말이 떠오른다. "가까운 미래에는 언제 어디서든 이동하면서 고화질의 영화를 실시간으로 보게 될 겁니다." 학생들은 믿지 않았다.

지하철에서 사람들이 종이신문을 주로 보던 때가 있었다. 지금은 풍경이 많이 달라졌다. 책 읽기를 강조하고 글쓰기를 배워야 한다고 하지만 세상은 좀 더 복합적인 커뮤니케이션을 추구하며 변화하고 있다. 2020년 '시사인'의 언론 신뢰도 조사에서 '유튜브'는 가장 신뢰하는 언론 매체로 뽑혔다. '유튜브' 자체가 언론 매체로 보기는 힘들지만 대중은 이미 그렇게 생각하고 있다. 2019년에도 '유튜브'는 2위를 차지했다. 갑작스러운 변화가 아니라 예고된 변화다.

세상은 변한다. 사람들도 미디어를 소비하는 것에서 머무르지 않는다. 직접 미디어를 만드는 생산 주체로 진화하고 있다. 개인이 각자의 목소리를 낼 수 있고 미디어의 주체가 되었다. 이제는 주류와 비주류를 구분 짓기 힘들다. 팝아트로 잘 알려진 예술가 '앤디 워홀'은 "미래에는 누구나 15분간 유명해질 수 있다."라는 말을 했다. 그가 말한 미래가 지금인지도 모른다.

영상 제작 강의를 맡아 달라는 제의를 종종 받았다. 처음에는 망

설였지만 노하우를 전하는 일에 가치가 있음을 생각했다. 매주 토요일, 12주간 지속된 강의에는 다양한 연령층이 함께 했다. 영상 수업에 대한 열의가 느껴졌다. 영상에 대한 관심이 높아졌음을 실감할 수 있었다. 학생들은 영상을 찾고 보는데 그치지 않고 주체적인 생산자로 진화하고 있었다. 강의를 듣는 다양한 연령층과 수업을 이어가면서 영상 제작 교육은 앞으로 반드시 필요하다는 생각을 했다.

- 표현의 다양성이 넓어지는 시대에 영상 제작은 필수다.

우리는 함께 어울려 살아가면서 보고, 말하고, 듣고, 읽고, 쓰면서 생각을 나눈다. 그리고 다양한 수단으로 표현한다. 그림, 사진, 음악, 영상 등 결국 표현함에 있어서 추구하는 수단은 저마다 다를 수 있지만 목적은 같다. 누구나 자신이 원하는 방법으로 표현하고 싶어 한다. 영상이란 그 수단과 방법 중의 한 가지다. 어쩌면 현재 가장 강력한 커뮤니케이션의 수단인지도 모르겠다. 자기소개를 훌륭한 글로 작성할 수도 있겠지만 짧은 1분짜리 영상으로 표현할 수도 있다. 10명의 자기소개서 중에 1명이 영상으로 자신을 표현했다면 과연 누가 인상적일까? 컴퓨터 언어인 코딩도 이미 초등학교 교육 과정에 포함된다. 하물며 가장 강력한 미디어인 영상에 대해 우리는 얼마나 알고 있을까? 영상을 직접 제작할 수 있다면 자신을 표현할 수 있는 선택권은 그만큼 넓어진다.

'유튜브'의 영상들은 다양하다. 유용하고 좋은 콘텐츠가 많다. 반대로 안타까운 영상들은 그보다 더 많다. 눈살을 찌푸리게 되는 영상들이 좋은 영상보다 많다. 인터넷에 올리는 영상들은 방송심의위원회의 심의나 법망의 밖에 있기 때문에 위험한 장면이나 선정적인 장면, 저속적인 언어 표현까지도 그대로 드러난다. 이런 이유로 아직 판단력의 기준이 부족한 어린이나 청소년에게는 치명적일 수도 있다. 어쩌면 생애 긴 시간을 걸쳐 나쁜 영상 한 편이 영향을 미칠 수도 있다. 하루에도 수천, 수만의 영상 콘텐츠들이 업로드된다. 영상 제작의 바른 교육이 필요한 이유다. 제작자의 마음가짐이 올바르고 사회의 윤리와 도덕적인 기준 안에서 받아들일 수 있어야 한다. 자신이 만든 영상에 책임 질 수 있는 자세가 필요하다.

영상 제작에 관련된 전문 서적은 이미 많다. 하지만 처음 접하기엔 벽이 높게 느껴질 수 있다. 이 책은 벽을 낮추고 필수적인 내용들을 정리했다. 중학생 정도면 충분히 책을 이해하고 따라 할 수 있을 것이다. 20년의 실무를 바탕으로 이야기를 풀었다. 책에 소개한 아티스트나 영화, 그림도 따로 찾아보기를 권한다. 영상 제작이나 창의적 영감을 얻는 데 도움이 될 것이다. 이미 우리는 영상에 친숙하기에 관심을 기울인다면 누구나 훌륭한 영상 제작자가 될 수 있다. 이 책을 펼친 순간 당신은 PD다.

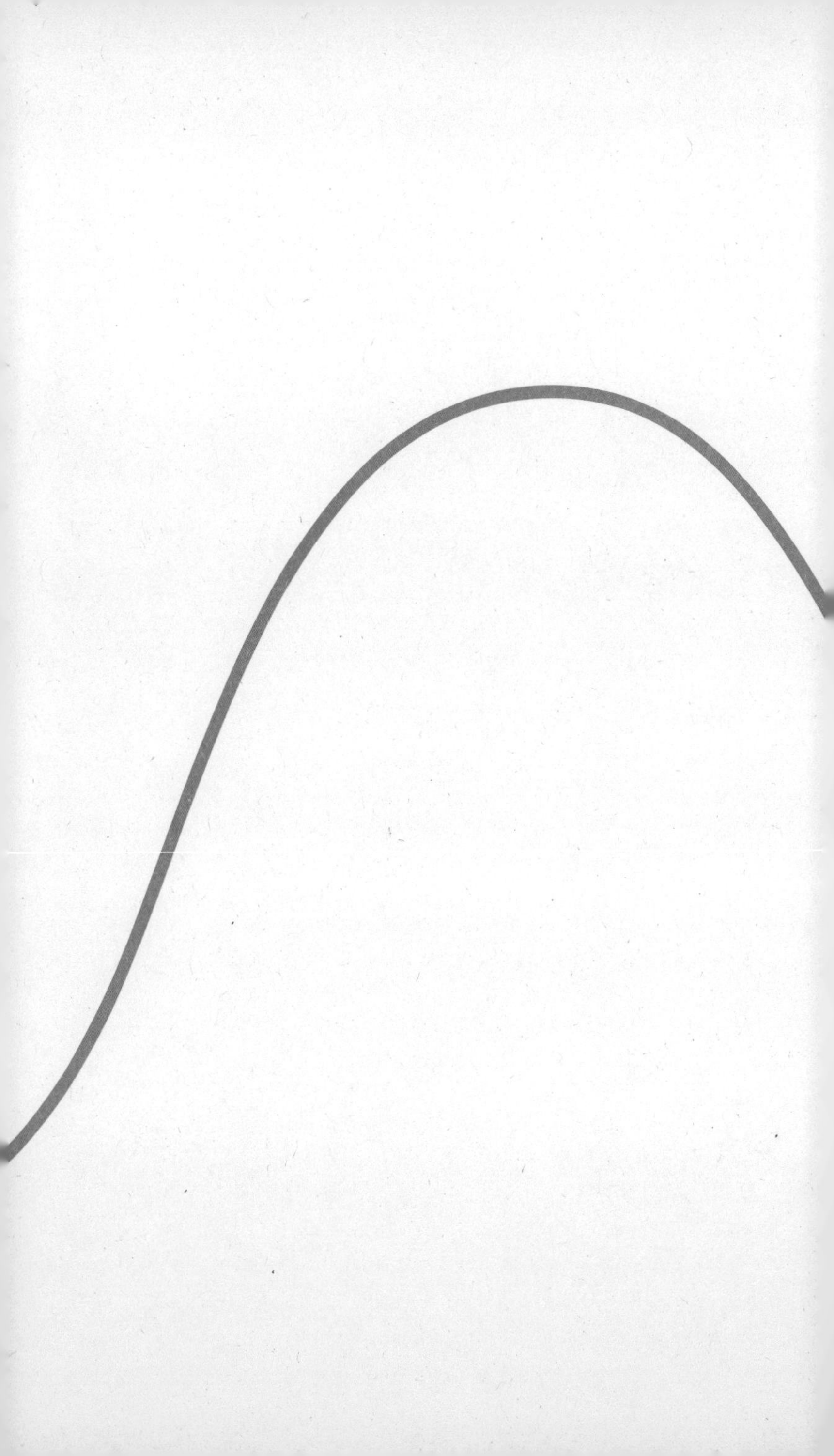

이 정도는 알고 갑시다.

1 영상은 메시지다.

영상이란 무엇인가? 영상이란, 여러 장의 연속된 이미지와 오디오로 이루어진 창작물이다. 여러 장의 연속된 이미지일 뿐이지만 우리의 눈에는 살아 움직이는 것처럼 보이게 된다. 우리가 보는 영화는 1초에 24장의 이미지들로 이루어진다. 요즘에는 디지털 영화관이 많기 때문에 주로 빔프로젝터로 상영을 하지만 예전에는 필름 형태의 영사기로 상영을 했다. 영사기에 걸려있는 필름을 자세히 보면 연속된 사진들이 순서대로 현상되어 있는 것을 알 수 있다. 연속된 사진들이 영사기의 빛을 통해 화면에 비치는 원리다. 그 한 장 한 장의 사진은 사각형 틀 안에 현상되어 있고 그 사각형을 프레임이라 한다. 프레임의 연속된 배열에 따라 움직이는 사진을 영상으로 인지하게 된다.

영화 필름, 프레임 Frame

18세기부터 발전하기 시작한 사진술의 연장선에서 영상의 개념이 생겼다. 움직이는 사진의 등장으로 인해 세상을 스크린에 담을 수 있었다. 단순 촬영을 넘어서 의미를 부여하기 시작했고 이야기가 있는 영상은 영화로 구분하게 된다. 그런 의미에서 영화는 의미를 가지고 촬영한 영상을 다시 영사기를 통해 재현하는 종합 예술이다.

1895년 프랑스의 '뤼미에르 Lumière 형제'가 영화의 시작점이 된다. 기차가 들어오는 장면을 촬영하여 소리 없이 화면만 관객들에게 보여주는 영화였다. 그 시절에는 매우 충격적인 사건이었다. 잠시 상상해 보자. 어두운 극장 안에서 영화라는 것을 상영한다고 하니 많은 사람들이 모였다. 오페라나 뮤지컬, 음악회만 보며 극장을 찾던 당시 사람들에게는 매우 기대되는 일이었을 것이다. 컴컴한 영화관에서 무엇이 나올까 기대하고 있던 그 순간, 갑자기 정면에 있는 대형 화면이 밝아지면서 기차가 튀어나온다. 그것도 멈춰있는 상태가 아니라 관객들에게 뛰어든다. 일시에 난장판이 되었다. 비명소리와 함께 놀라서 화들짝 뛰쳐나가고 몸을 피하는 관객들로 극장은 아수라장이 되었다. 한참이 지나서야 이것이 영화라는 것을 이해하고 사람들은 안정되었다. 이 충격적인 사건은 많은 사람들의 관심을 끌기에 충분했다. 이로써 영화는 대중에게 신선한 충격을 주며 탄생했다. 이 사건 이후로 영화는

날이 갈수록 발전을 거듭했고 오늘날 우리가 접하는 영화가 되었다. 많은 사람들에게 즐거움과 행복을 주고 메시지를 전달한다. 때로는 위로를 받기도 하고 도전과 응원을 받기도 한다. 영화는 우리에게 많은 것을 선사하며 삶과 가까이 존재하게 되었다.

영상의 메시지는 생각보다 강력하다. 우리가 지나치며 본 영상이 뇌리에 깊이 남아있는 경우를 기억할 것이다. 아무 생각 없이 본 영상들이 머릿속에 각인되어 무의식에 스며든다. 한 번 보았던 광고 영상이 갑자기 생각나는 경우가 있다. 의식에 깊숙이 자리 잡게 되는 예라고 할 수 있다. 영상은 지금까지 개발된 매체 중에 가장 강력한 힘을 지니고 있는 것임에 틀림없다. 이처럼 누군가가 만든 영상이 큰 힘을 발휘할 수 있기 때문에 우리는 이 부분에 대해서 먼저 생각해 보아야 한다. 이제는 영상 제작자의 입장에서 생각해 보자. '내가 만든 영상이 다른 이들에게 어떤 영향을 줄 것인가?'에 대해서 말이다. 좋은 의도를 가지고 만든 영상, 감동을 주는 영상, 마음을 따뜻하게 만드는 영상들은 타인의 삶에 도움을 줄 것임에 틀림없다. 하지만 그 반대의 역할을 하는 영상을 제작하게 된다면? 그것은 자신도 모르는 사이에 남들에게 피해를 주는 일이다. 우리가 만든 짧은 영상 한 편으로 어떤 사람은 삶이 바뀔 수도 있다. 긍정적인 영향을 준다면 좋지만 나쁜 영향을 준다면 어떻겠는가.

요즘에는 누구나 유튜브에 영상을 게시할 수 있다.

자신이 만든 영상을 어렵지 않게 대중에게 노출시킬 수 있다. 때로는 의도치 않게 많은 사람들이 보게 되는 경우도 생긴다. 그래서 자신이 만든 영상에 대해 책임질 수 있는 마음가짐이 필요하다.

다큐멘터리 <소셜 딜레마>에서는 SNS의 숨겨진 이야기가 드러난다. 결국 모든 SNS는 광고를 더 많이 노출시키는 목적으로 알고리즘이 짜여 있다. 다수의 유튜버들은 이 때문에 영상을 제작한다. 돈 때문이다. 돈 자체가 문제가 아니라 목적성 때문이다. 좀 더 자극적으로, 좀 더 세게, 좀 더 리얼하게, 더 더 더… 사람들을 자극하기 위한 노력으로 유튜브는 이미 과열되어 있다. 제작자는 제작에 앞서 이 점에 대해 가장 중요하게 고민해야 한다.

스스로 책임질 수 있는 영상을 만들어야 한다. 영상을 유포하기 전에, 파급력에 대해 고민해 보자. 영상을 제작하는 목적에 대해 생각해 보자.

'내가 전달하고 싶은 것이 무엇인가?'

평소의 생각이 은연중에 제작물에 드러날 수 있다. 작가나 예술가, 영화감독들의 작품을 보면 그 이면에 숨겨진 의도를 짐작해 볼 수 있다. 때로는 의도치 않았던 장면들에서 제작자의 심리를 파악할 수 있다. 이런 심리적인 부분들에 집중해 보면 더욱 즐거운 감상을 할 수 있다. 그 작품을 구상하고 제작할 당시의 상황이 어느 정도 반영되기도 한다.

따라서 영상을 제작할 때는 의도치 않은 생각들이 반영될 수 있다. 건강한 생각으로 만들어진 영상들이 많아졌으면 좋겠다. 그런 영상들은 따뜻하다. 의미 있는 영상들이 세상을 바꿀 수 있다고 나는 믿는다.

2 영상의 제작 단계를 큰 그림으로 살펴보자.

이번 장은 영상 제작 과정을 큰 그림으로 이해하기 위한 내용이다. 어려운 용어가 있더라도 뒤에서 자세히 알아갈 수 있으니 마음 편하게 읽어보자.

사전 제작 Pre-production

사전 제작 단계에서는 가장 중요한 기획과 구성을 하게 된다. 영상을 제작하기 앞서서 간단하게라도 기획과 구성을 하는 일은 중요하다. 이는 뼈대를 세우는 일이다. 기본 바탕이 바로 서야 모든 것이 제대로 설 수 있다. 시간이 조금 걸리더라도 사전 제작 단계를 무시하지 않기로 하자.

제작하는 영상의 목적은 중요하다. 목적에 따라서 형식이 달라지고 장르가 바뀔 수도 있다. 목적에 따른 여러 가지 아이디어를 적어보고 자료를 수집하고 제작 스케줄도 짜 보자. 아이디어는 바로바로 메모하자. 좋은 아이디어는 언제 떠오를지 모르는데 잠깐 사이에 잊는 경우가 많다. 메모하는 습관을 기르면 여러 분야의 창작에서 도움이 된다. 좋은 기회를 놓치는 일은 없어야 한다. 누가 알겠는가? 아이디어 하나로 대작이 탄생할지도 모르는 일이다. 벌써부터 이것저것 재면서 생각의 폭을 축소시키지 말자. 아이디어는 다양하게 날개를 뻗어 나가도록 두는 것이 좋다. 대다수가 자료를 수집할 때 인터넷을 주로 활용한다. 빠르고 편한 방법이지만 인터넷 외에 서점이나 도서관도 이용하기를 권하고 싶다. 온라인에서 찾을 수 없는 좋은 자료들이 많다. 남들이 이미 알고 있는 정보들은 매력이 떨어진다. 관심 있는 분야의 자료수집을 충분히 해보자. 자료의 출처를 잘 정리해 놓으면 제작 시에 번거로움이 줄어들고 설득력이 생긴다. 관련 있는 사람들을 만나서 도움을 받는 것도 좋다. 제작 스케줄을 작성해보자. 꼭 이대로 해야 하는 것은 아니지만 마음속으로 생각하는 것과 실제 상황은 많이 다르다. 충분한 시간적 여유를 확보하여 제작 스케줄을 정리해 본다.

이제부터 본격적인 영상 제작을 시작하는 단계다. 대본을 구성하는 일이 시작된다. 제작하려는 장르에 따라 다르지만 대본의 구성은 중요하다. 어떤 장르의 영상이 되더라도 기본적인 대본의 구성은 필요하다.

제작 Production

장르에 따라서 차이는 있으나 보통 대본을 바탕으로 콘티 작업을 한다. 콘티 작업은 사전 제작 단계에 들어가기도 하지만 생략하는 영상작업도 있기 때문에 제작 단계에 넣었다. 수많은 장면들을 대본만 보고 촬영하는 것은 위험한 일이다. 놓치는 경우가 생길 수도 있고 실수할 확률도 높다. 숙달된 PD들은 머릿속에 콘티가 그려지고 촬영이 가능하지만 그건 나중 일이다. 당장은 상상이 가능하지만 막상 촬영을 하려고 하면 생각이 떠오르지 않을 수 있다. 대본과 콘티가 준비되면 이를 바탕으로 본격적인 촬영을 시작할 때가 되었다.

촬영에 따라서 혼자서도 가능하지만 때로는 스텝이 필요할 수도 있다. 촬영 장소를 물색하는 일도 필요하다. 촬영하기 전에 직접 가서 확인해 볼 필요가 있다. 촬영 스케줄은 세부적으로 정리하자. 장소에 따라 미리 찍어야 할 것도 있고 나중에 찍을 것이 있다. 날씨의 영향을 받을 수도 있으니 여유 있게 하루 이틀 정도는 빼놓는 것이 좋다. 카메라나 조명, 장비들도 미리 점검하여 촬영에 지장이 없도록 준비한다. 이제 대본과 콘티를 참고하여 멋진 장면들을 촬영하면 된다.

촬영 후에는 촬영본이 담겨있는 테이프나 메모리 카드를 목숨과 같이 여긴다. 현장에서 바쁘고 정신이 없을 때는 챙기지 못할 수도 있으니 늘 주의해야 한다. 한 번 촬영한 것은 똑같이 다시 촬영할 수가 없다. 또 한 가지 잊지 말아야 할 것은 오디오다. 소리를 같이 녹음해야 하는 촬영이라면 좀 더 신경을 쓰자. 오디오 때문에 애타는 경우가 심심치 않게 생긴다. 간혹 후반 편집으로 모든 것을 커버하려는 사람들이 있는데 이것은 정말 잘못된 방법이다. 좋은 촬영이 없으면 좋은 결과물을 기대하기 힘들다. 한 컷 한 컷 공들여서 촬영하면 편집할 때도 좋은 결과를 얻을 수 있다.

후 제작 Post-production

촬영까지는 잘 끝냈다. 이젠 좋은 결과물을 만들어 낼 차례다. 각자에게 맞는 편집 툴을 이용해서 멋지게 마무리해보자. 편집 소프트웨어는 다양하지만 많이 쓰이는 툴이 몇 가지 있다. 뒷부분에 따로 정리해 두었다. 프로그램은 어느 정도 대중성이 있는 툴을 선택하면 좋다. 혼자만 작업하는 것이라면 상관이 없지만 다른 사람들과 연계 작업을 한다던가 그래픽 합성을 추가로 해야 한다면 프로그램들 간의 연관성도 무시할 수 없다. 대부분의 영상 제작에서 자막이나 추가적인 그래픽 작업은 이제 필수적인 요소가 되었다. 그래서 촬영할 때에도 편집이 어떻게 될 것인지를 염두 해야 한다.

편집을 할 때는 먼저 OK 컷을 선택하고 시간 순서와 내용에 맞게 가편집을 한다. 가편집본을 바탕으로 최종 결과물을 만들어가는 종합편집을 하게 된다. 그래픽, 자막, 컬러 등을 매만지며 종합적으로 영상의 완성도를 높인다. 오디오에 좀 더 치중해서 다시 한번 편집본을 확인해본다. 이제 하나의 파일로 묶어주는 렌더링 작업만 거치면 제작의 결실을 맺는다. 필요한 용도와 형식에 맞추어서 렌더링 작업을 마무리한다. 하나의 제작물이 탄생하는 순간이다. 땀과 노력이 결실을 맺은 창작물이다. 이렇게 여러분도 '무(無)'에서 '유(有)'를 만들어 낼 수 있다.

3 프레임 Frame

프레임은 영상을 이루는 가장 작은 단위라고 할 수 있다. 전통적으로 영화는 1초에 24프레임, TV는 29.97프레임이지만 형식과 규격에 따라 달라진다. 연속된 프레임들이 조화롭게 어우러져 하나의 영상을 완성한다. 앞에서 잠시 이야기했지만 프레임에 대한 이야기는 좀 더 자세히 하고 싶다. 영상을 통해서 보는 프레임 속의 세상은 임의로 연출된 세상이다. 제작자는 담고 싶은 정보로만 구성해서 현실의 일부분만 카메라에 담는다. 제작자의 주관적인 선택에 따라서 프레임이 설정된다. 그렇다면 화면에 보이는 프레임은 사실인가? 거짓인가? 프레임으로 보이는 세상이 전부는 아니지만 프레임 안에서 자신만의 세상을 통제할 힘을 갖게 된다.

영상 제작자의 힘은 여기서 나온다. 자신의 프레임으로 세상을 재구성할 수 있는 능력이다. 프레임의 안과 밖, 그것을 조절할 수 있는 힘을 가진 사람이 영상 제작자다. 제작자는 세상을 축소하고 확대시킬 수도 있으며 왜곡시킬 수도 있다. 프레임 밖의 진실을 보는 눈은 시청자에게 넘겨진다. 영상을 보는 이들은 보이는 정보로만 판단하기 때문에 영상 제작자의 책임이 중요함을 재차 강조하고 싶다. 프레임을 어떻게 설정하느냐는 제작자의 몫이다. 영상을 책임지는 것도 제작자의 몫이다. 누구나 영상을 만드는 시대이기에 만들어낸 영상에 대해서 양심적인 책임을 질 수 있는 제작자가 되어야 한다.

세상을 바라보는 나만의 시선을 가진다는 것은 멋

진 일이다. 남들과 다르게 세상을 볼 수 있어서 좋다. 다른 사람들과 같은 것을 보지 않을 수 있어서 좋다. 가장 좋은 것은 나의 프레임을 사람들과 나눌 수 있다는 점이다. 자신의 프레임을 만들어보자. 자신의 눈을 가지고 세상을 재구성해보자. 제작자가 느낄 수 있는 큰 즐거움이자 보람이다.

4 비율 Ratio

화면의 비율에 따라서 영상의 느낌이 달라진다. 과거의 영상들은 4:3의 비율을 기본으로 제작되었지만 요즘에는 HD 규격인 16:9 비율로 제작된다. 영화의 경우에는 이보다 더 넓은 21:9 사이즈로 제작하기도 한다.

비율에 따라 더 많은 정보를 담을 수도 있고 몰입감을 선사하기도 한다. IMAX 초대형 스크린은 큰 효과를 발휘한다. 정해져 있는 비율 이외에도 다양하게 표현할 수 있다. 개인적인 영상이 활발하게 제작되는 요즘에는 기존의 제작 비율을 탈피하는 경우도 많다. 스마트폰에 어울리는 세로 화면 비율이나 여러 소셜미디어에 맞는 비율로 제작하기도 한다.

디스플레이 규격에 맞춤 제작이 가능하므로 효과적인 결과를 예상해 보고 결정하도록 하자. 360도 VR 촬영 역시 파노라마를 넘어선 특별한 비율의 영상이라 할 수 있다. 점점 다양해지는 현재의 영상들을 응용해보면 흥미로운 제작이 가능하다. 규격화된 영상이 일반적이지만 자신이 표현하고 싶은 목적에 맞는 비율을 시도해보자. 조금 더 특별한 영상이 탄생할 것이다.

스페인의 자유로운 예술가 '하비에르 마리스칼'은 ART PLAYER라 불린다. 그의 예술 세계는 기발하고 즐겁다. 다수의 비디오 작품들에 다양한 프레임을 활용한 점이 돋보였다. 정해진 틀을 과감히 깨면서 자신의 개성을 표출했다. 다양한 비율과 모양, 독특한 프레임을 활용한 독창성을 발굴해보는 것도 좋겠다.

Mariscal The Art Player - Exhibition

5 픽셀 Pixel

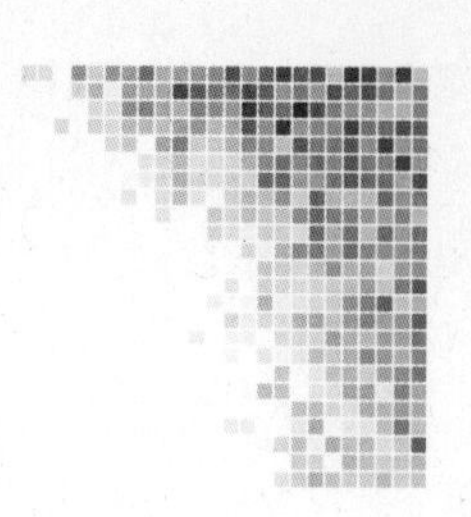

픽셀이란 픽처 Picture 와 엘리먼트 Element 의 합성어로 디지털 영상에서 자주 등장하는 단어다. 우리말로 화소라고 한다. 화면을 이루고 있는 가장 작은 입자다. 모니터를 자세히 보면 아주 작은 알갱이들로 이루어져 있다는 것을 알 수 있다. 이 작은 입자 한 개가 하나의 화소다. 예를 들어 4K는 최소 3840 x 2160 px의 해상도가 된다. 계산해보면 8,294,400개의 화소로 이루어져 있다. 수많은 화소들이 군집을 이루어서 우리가 보는 이미지를 나타내는 것이다. 같은 크기의 화면도 해상도에 따라서 표현력은 달라진다.

각각 동일한 사이즈인 40인치 화면이라도 4K(3840 x 2160)와 Full HD(1920 x 1080)는 4배의 해상도 차이가 난다. 해상도에 따라서 영상의 완성도가 달라지기 때문에 영상 품질에서 해상도는 중요하다. 제작할 때 꼭 고려해야 할 사항이다. 요즘에는 Full HD 영상을 기본으로 촬영하고 제작한다. 하지만 이제는 4K를 기본으로 제작해야 한다. 해상도에 대한 고민을 하지 않고 촬영하게 되면 결과물의 완성도에서 큰 차이가 날 수밖에 없다.

잠깐 4K 모니터에 대한 이야기를 해보자. 이미 시중에 나와있는 4K 모니터는 다양하다. 하지만 가끔 눈속임이 있을 수도 있으니 주의하자. 4K급인지, 실제 4K 인지 확인할 필요가 있다. 해상도만 지원하는 것이 아니라 60hz를 지원하는지 확인해야 한다. 60hz 이상을 지원해야 모니터로써 합격이다.

그리고 반응속도와 명암비, 색채 구성 능력도 함께 고려해야 한다. 일반 영화만 보는 모니터가 아니라 영상 작업에 쓰일 모니터라면 더욱 그렇다.

두 번째로 화면 크기에 대해 고민이 된다. 32인치 4K 모니터를 구매한 적이 있다. 당시에는 4K 모니터를 쓰는 사람이 많지 않아서 리뷰를 참고하기도 힘들었다. 단지 경험상 이 정도면 괜찮을 것이라 생각했다. 하지만 실제로 써보니 4K의 벽은 생각보다 컸다. 화면이 32인치인데도 글씨가 너무 작게 보인다. 쓰는데 불편함이 느껴졌다. 기존에 쓰던 모니터는 27인치 Full HD 이상의 크기였는데도 불구하고 매우 차이가 컸다. 결국 다시 40인치로 구매했다. 이제는 좀 볼만해졌다. 화면의 글씨 크기도 100%로 했을 때 인지할 수 있을 정도가 되었고, 작업을 하는데도 불편함이 없다. 기존에는 듀얼 모니터를 썼지만 이제는 하나로도 충분하다. 프리뷰 전용 모니터는 하나 더 있으면 좋을 것이다. 장비는 잘 갖추면 좋지만 장비만 좋다고 결과물이 좋은 것은 아니다. 좋은 작업환경에서 시작하고자 하는 마음은 다들 비슷하지만 처음부터 모두 갖추면 열정과 재미가 떨어진다. 하나씩 늘려가는 재미를 즐겨보자.

6 아날로그와 디지털 Analog + Digital

디지털 제너레이션 Digital generation 이라는 말이 있다. 아날로그를 전혀 접해보지 않은 세대로 세상이 디지털화된 이후에 태어난 세대다. 아날로그와 디지털의 벽이 허물어진 시기를 정확하게 구분 짓기는 힘들다. 필름 카메라가 차츰 자취를 감추더니 어느새 디지털카메라가 당연한 세상이 되었다. 점차적으로 변화의 물결이 일었지만 그 물결은 생각보다 빠르게 세상을 채웠다. 영상 분야에서 디지털의 힘은 매우 막강했다. 제작 시스템의 모든 것이 바뀌었고 편리하게 발전했다. 디지털이 확고하게 자리 잡게 된 시대지만 아날로그를 알아야 하는 이유가 있다. 디지털로 발전을 하더라도 그 기본은 아날로그에 있기 때문이다. 아날로그에 대해서 이해를 해야 디지털을 차별화된 방향으로 활용할 수 있다.

필름에 빛을 통해 이미지를 기록하는 일에서 아날로그 영상은 시작되었다. 빛은 영상에 있어서 가장 중요한 부분을 차지한다. 빛이 모든 것을 결정한다. 우리가 흔히 알고 있는 빛의 성질에 기본을 두고 영상 제작술은 발전해 왔다. 빛이 중요한 것은 디지털에서도 마찬가지다. 빛을 잘 이해하고 관찰한다면 결과물에 큰 도움이 된다.

아날로그와 디지털의 가장 큰 차이점은 결과물을 기록하는 과정이다. 빛을 필름의 감광성을 이용해서 기록하는 것이 아날로그 방식이라면 디지털에서는 필름이 아닌 센서를 통해 저장 장치로 기록한다. 원리는 비슷하지만 기록 방식에 획기적인 차이가 있다. 디지털 방식에서는 필름이 필요가 없다. 때에 따라서 다양한 필름을 이용해야만 했던 과거와는 달리 너무나 편리하게 발전했다. 날씨, 낮과 밤, 장르에 따라서 필름을 다르게 촬영해야만 했던 시절이 있었다. 지금은 버튼 한두 번만 누르거나 돌리면 설정이 바뀐다. 필름의 크기는 센서(해상도)와 비교하여 생각하면 쉽다. 필름의 감도는 ISO 기능으로, 필름은 메모리카드가 대신한다.

기술적인 면에서 분명 세상은 발전을 거듭해왔고 앞으로도 그럴 것이다. 기계들은 더욱 작아지고 기능도 많아진다. 전문가가 아니라도 쉽게 다룰 수 있게 된다. 하지만 발전 과정을 이해하고 있다면 좀 더 세밀한 표현이 가능하다. 디지털 세대에게는 오히려 아날로그 감성이 더욱 신선하게 느껴진다. '응답하라' 시리즈나 과거에 유행했던 복고풍의 제품과 패션, LP가 다시 유행하는 것도 같은 맥락이다. 아날로그의 감성은 살리고 디지털의 기술은 적극 활용한다면 다른 빛을 발할 것이다. 이어령 선생은 디지털과 아날로그의 통합으로 디지로그 Digilog 라는 표현을 했다. 멋진 단어다.

누군가는 디지털 기술이 아무리 발전한다고 해도 아날로그를 따라올 수는 없다고 말한다. 비슷하게 표현이 되더라도 완벽하게 똑같이 표현하기는 힘들다는 의미다. 부드러운 곡선으로 이루어진 아날로그 신호를 디지털신호로 세분화해서 표현한다고 해도 결국 확대해보면 작고 작은 틈을 채울 수가 없다. 현재의 디지털 기술은 매우 발전했지만 무언가 뛰어넘을 수 없는 벽이 느껴진다. 그 벽과 감성 때문에 소수의 사람들은 여전히 아날로그를 찾는다. 시대가 발전하는 것에 반하여 발전을 거부하기도 한다. 영상기술이 날로 발전하는 지금, 화려한 그래픽에 눈과 머리가 복잡해진다. 오히려 느리고 서정성을 품은 영상을 원하는지도 모른다. 오래된 LP에서 느낄 수 있는 감성, 그 느낌이 영상으로도 이어진다. 아날로그와 디지털의 접점 어딘가에서 만나는 영상을 사람들은 점차 원하고 있다.

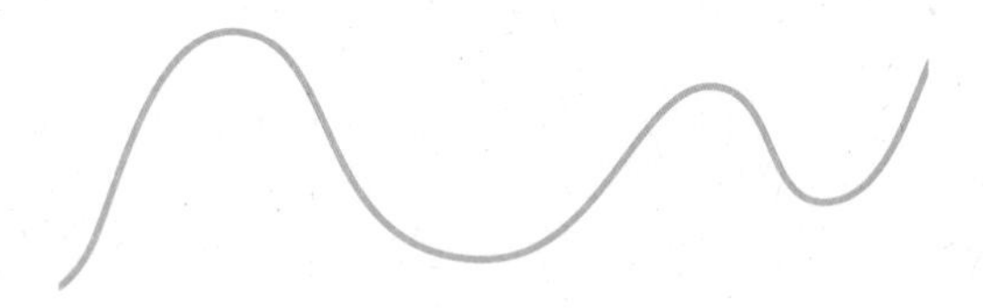

아날로그 신호

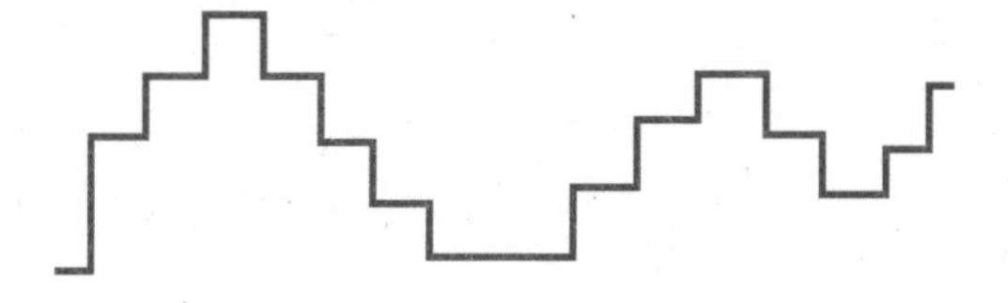

디지털 신호

7 혼자라도 괜찮아 One man production

'원맨 프로덕션'이라는 말이 더 이상 낯설지가 않다. 여럿이서 함께 해야 했던 복잡한 과정의 일들이 혼자서도 가능해졌다. 여전히 협업이 필요한 영상 제작이 대부분이지만 혼자서도 완성도 높은 작업이 가능하다. 1인 프로덕션이 가능해진 가장 큰 이유는 디지털 미디어의 발전이다. 카메라 장비가 좋아졌고 간단해졌다. 편집 시스템도 노트북 하나만으로 가능해졌다. 전문가용 장비가 있으면 더 편하겠지만 노트북만으로도 다양한 작업이 가능하다. 스마트폰은 어떤가? 4K, 8K 영상 촬영도 가능한 스마트폰이 대중화되었고 간단하게 편집도 할 수 있다.

PD로 첫 발걸음을 떼던 시기에 많이 사용했던 카메라가 'Sony pd-150'이었다. 6mm 디지털 테이프로 녹화되는 방식이었고 흑백이지만 촬영 범위나 구도, 초점 조정의 상태를 눈으로 들여다볼 수 있는 뷰 파인더도 있었다. 이 카메라는 일대의 혁신이었고 화질 면에서도 우수하다는 평가를 받았다. 방송용 ENG 카메라와 비교할 수는 없지만 적당한 가격과 휴대하기 좋은 크기였고 화질이 방송용으로도 가능했기에 인기가 좋았다. 하지만 현재의 스마트폰만 못하다. 지금 우리가 쓰는 스마트폰의 카메라 기능은 화소만 따져봐도 비약적인 발전을 이루었다. 조명만 신경 쓴다면 훌륭한 제작물을 기대할 수 있다. 실제로 해외 특파원이나 재난현장, 급작스러운 상황뿐만 아니라 유튜브 채널에서도 스마트폰을 활용한 실시간 중계를 한다.

스스로가 1인 프로덕션이 되려면 영상 제작에 대한 전반적인 안목을 키워야 한다. 제작 시스템을 충분히 이해하고 스텝들의 역할을 본인 스스로 해내야 한다. 먼저 기획력이 필요하다. 어떠한 영상을 기획하고 목적에 맞추어 구성할 것인지에 대한 고민이다. 영상에 대한 다양한 아이디어를 펼쳐보자. 이것을 바탕으로 시놉시스와 시나리오, 대본을 작업한다. 작가와 함께 협업해야 하는 일들을 스스로 모두 해보는 일이다.

다양한 분야의 책 읽기를 통해 기획력을 키우고 작가적 능력을 기른다면 영상의 완성도를 높이는데 큰 도움이 될 것이다. 기획과 구상을 전적으로 작가에게 맡기는 PD들도 있다. 기획력 없이 작가에게만 의존하면 자신의 생각을 전달하는 데 한계가 있다. 방향성이 흐트러지고 일관성을 잃을 수도 있다. 전체적인 흐름을 놓치는 경우도 생긴다. 결과적으로 단편적인 역할만 수행하는 PD가 된다. 영상을 멋있게 촬영하고 편집할지라도 기획력이 떨어지는 영상은 메시지 전달이 빈약해진다. 눈으로만 현혹시키는 영상이 아니라 사람의 마음을 움직이고 싶다면 기획력을 기르자. 관심분야의 책과 다양한 소설을 읽는 것, 여러 장르의 영화도 도움이 된다. 유럽과 제3세계 영화도 적극 추천하고 싶다.

PD는 영상 제작의 처음부터 끝까지 모든 것을 책임진다. 이 말은 곧 모든 것을 잘 알아야 한다는 말이다. 기획력이 갖추어지면 그것을 영상으로 표현하는 능력이 필요하다. 촬영은 생각을 영상으로 담아내는 창의적 작업이다. 카메라 감독과 상의하고 고민해서 좋은 장면들을 담고 조명 감독과도 생각을 나눈다. 오디오 감독과도 함께 촬영을 해야 할 것이다. 실제로 촬영에 필요한 스텝들은 충분해야 좋다. 그만큼 손이 가는 일이 많기 때문이다. 하지만 이것을 스스로도 할 수 있다는 생각으로 가볍게 시작하면 좋겠다. 취미로 만드는 개인적인 영상에서부터 전문 영상 제작까지 그 시작은 모든 단계를 혼자 해보는 것이다.

이제 촬영본을 가지고 편집을 해야 한다. 편집감독과 CG, 오디오 감독이 해야 할 일들까지도 모두 해냈다. 이 모든 과정이 1인 제작자로, PD로써 알아야 하는 영상 제작의 흐름이다. 일반적으로 영상 제작은 많은 사람들의 협업으로 이루어지는 작업이다. PD는 각 분야의 전문가들과 상의하고 조율하면서 합의된 최종 결과물을 만든다. 어떤 목적으로 영상을 만드느냐에 따라 더 큰 프로젝트를 위해 분야별로 세부 전문가들이 필요할 수도 있다. 이때 모든 단계를 혼자 해본 것과 해보지 않은 경험에서 조율과 합의 능력에 차이가 생긴다. 전체적인 흐름을 알고 있다면 각 분야의 전문가와 협업하더라도 큰 도움이 된다.

미리부터 이 모든 것을 다 해야 한다고 부담 갖지 말자. 힘 빼고 하나씩 알아 가다 보면 어느새 머릿속에 전체적인 흐름이 그려진다. 그 흐름 속에서 즐겁게 몰입하면 된다. 주어진 환경에서 최대한의 성과를 거두는 것, 그것이 바로 1인 프로덕션의 묘미다.

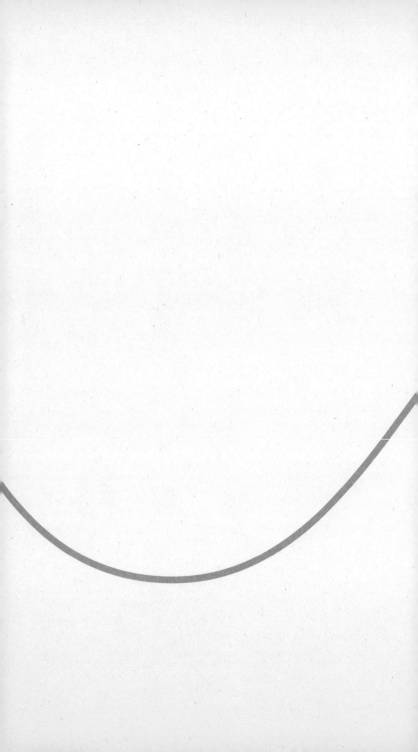

사전 제작 Pre-production

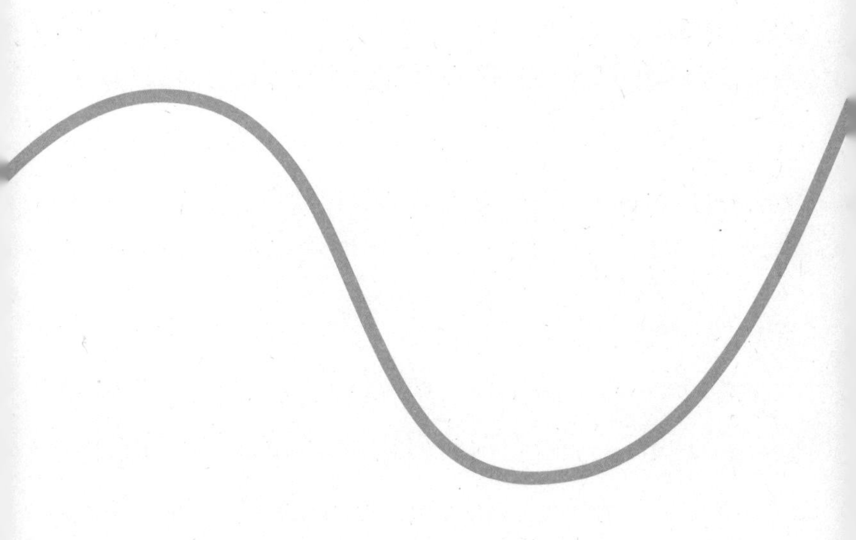

8 기획

집을 지을 때 가장 중요한 작업이 기초공사라고 한다. 기초공사가 정확하게 이루어져야 오랫동안 안전한 집을 지을 수 있다. 무엇을 하든지 기초는 강조된다. 영상에서도 마찬가지다. 기초공사라고 할 수 있는 사전 제작 단계는 중요한 부분이다. 하지만 많은 이들이 이 중요성을 귀찮게 여기고 바로 제작으로 넘어가곤 한다. 특히나 약간의 제작 경험이 있는 사람들이 이런 실수를 하게 된다. 하지만 영상 제작 경험이 많고 숙달되었다고 해도 이 단계를 뛰어넘지 않았으면 하는 바람이다. 간단한 영상이라도 기획과 구성을 고민하는 시간이 필요하다. 생각이 충분히 반영되지 않은 영상은 사람들의 마음을 움직일 수 없다. 제작자가 의도하는 방향으로 결과물이 나오지 않는 이유는 이 단계를 건너뛰기 때문에 자주 발생한다. 기획은 생각하고 성장할 수 있는 시간이다.

다큐멘터리 기획

성명	심채윤 PD	
Mobile	010-99	
E-mail	digilogd	

가제: '우리는 어떻게 살아야 하는가?'

<기획의도>

'우리는 어떻게 살아야 하는가?' 에 대한 물음을 생각하며 해답을 찾아가는 다큐다.
이 거대한 질문에는 많은 것들이 담겨있다.
단순히 사는 것이 아니라 '어떻게?' 라는 물음 앞에 우리는 깊이 생각해보게 된다.

<사전질문>

먹는 것이 사람을 만든다. 기본적으로 우리가 알아야 할 진실이다.
우리가 어떻게 지구를 병들게 하고 있는가?
기업은 우리를 어떻게 이용하는가?
우리가 먹지 말아야 할 것들을 먹게 만들었다.
왜곡된 진실 속의 희생양.
진실을 알고도 그대로 머물 것인가?
국가는 과연 믿을 만 한가?
나이가 들어서도 건강하게 살 수 있다면?
우리가 사는데 그렇게 많은 것이 필요한가?
돈이 그렇게 중요한가?
우리의 기쁨은 무엇에서 오는가?
우리는 행복하기 위해 디자인되었다.
'하나님이 인간을 만드시고' 심히 좋았더라.
사람은 두 분류로 나뉜다.
진실을 아는 자와 모르는 자다.
진실을 알고도 노예처럼 살겠는가? 우리에겐 자유의지가 있다.
기업을 무너트릴 수 있는 힘은 우리가 하나가 되는 것이다.

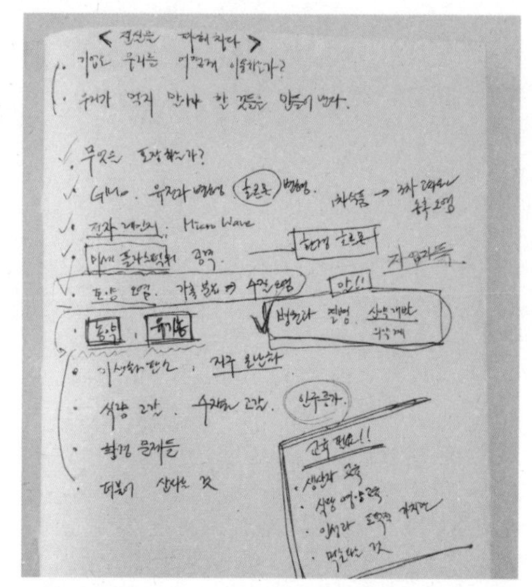

다큐멘터리 기획서와
아이디어 기록

제작하려는 영상의 목적과 방향을 잡고 생각을 자유롭게 적어보자. '토니 부잔 Tony Buzan'의 <마인드맵>을 이용하는 것도 좋은 방법이다. 미처 생각하지 못했던 다양한 아이디어를 머릿속에서 떠올릴 수 있다. 떠오르는 여러 생각 중에 기억할 것, 더 생각해 볼 것, 당장 제작에 적용해 볼 것 등을 분류해 본다. 이것을 바탕으로 간단한 줄거리나 내용을 작성해본다. 간단한 줄거리를 '시놉시스'라 한다. 본격적인 스토리를 만들기 전에 간략한 요약 정도라고 생각하자.

필요한 자료들을 수집하고 최대한 많이, 다양한 시각으로 접근한다. 인터뷰가 필요한 내용들은 따로 정리한다. 자료를 수집할 때는 인터넷만 활용하는 것이 아니다. 책과 뉴스, 신문이나 잡지 등 다양한 매체를 이용해서 여러 내용을 접해보자.

'기획과 구상' 단계에서 내용이 풍성해진다. 생각의 깊이도 깊어진다. 각자 만들고 싶은 영상에 대해서 생각해 보자. 좋은 영상은 생각에 들인 시간만큼 비례한다. 제목을 정해 보고 장르를 정해보자. 어떤 영상도 괜찮다. 만들어 보고 싶은 영상에 대해서 상상력을 키워보자. 한 번 해보는 것과 시도조차 하지 않는 것의 차이는 크다. 머리로만 이해하면 쉽게 잊기 마련이다. 떠오르는 생각을 즐겁게 기록해보자.

실제적인 예를 들어서 설명해보면, 먼저 '제목'을

정해 본다. 제목은 나중에 바꿀 수도 있겠지만 일단은 '가제목'이라도 정하자. 다음은 '기획 의도'를 작성해 본다. 누군가에게 보여주기 위한 기획서는 아닐지라도 처음에 이 영상을 제작하기로 결심했던 본인의 생각을 남기는 것이다. 간혹 기획 의도와는 다르게 흘러가버리는 경우를 막기 위해서라도 필요하다. '장르'에 대해서도 생각해 보고 정해 본다. 내가 보여주고자 하는 내용에 가장 부합하는 장르는 과연 어떤 것일까? 어떻게 보여주는 것이 가장 효과적일까? 누구에게 보여줄 것인가? 나는 새로운 것을 시도하는 스타일인가? 아니면 클래식한 것을 추구하는가? 꼭 하나의 장르만을 골라서 작업해야 하는 법은 없다. 조금씩 섞일 수도 있고 새로운 시도를 할 수도 있다. 여러 장르를 시도해보면서 자신만의 개성을 찾는 것도 좋겠다.

영상에 넣고 싶은 내용들을 생각나는 대로 적어본다. 이렇게 채워지는 기본 구성은 대본 작업을 더 수월하게 한다. 추가적으로는 제작 스케줄, 스텝, 장비에 대한 내용 등이 있다. 비록 기획 단계에서 더 이상 진전이 없을지라도 기획서들은 잘 모아 놓자. 추후에 다시 진행할 수도 있고 소중한 자료가 된다. 시작이 반이라는 말이 있다. 기획은 시작이다. 이미 기획을 했으니 제작한 것과 다름없다. 자, 한 걸음씩 즐거운 마음으로 나아가보자.

9 대본 Script

장르에 따라서 대본의 느낌도 달라진다. 영화나 드라마, 다큐멘터리, 뮤직비디오, 광고 등 다양한 장르로 구분할 수 있지만 형식상 다른 것일 뿐 큰 맥락으로 따지면 영상 제작의 단계와 구성은 비슷하다. 먼저 사실적인 접근이 가능하고 실생활에 적용할 수 있는 다큐멘터리 형식을 기본으로 이야기해 보자.

다큐멘터리도 종류에 따라 구분되지만 주제가 있는 사실에 기반한 영상이라고 할 수 있다. 요즘엔 모순적이게도 '픽션 다큐멘터리'라는 말도 있다. 딱딱하게 느껴질 수도 있는 다큐멘터리지만 쉽게 생각해 보면 현실의 삶이 다큐멘터리다. 살아가는 현장이 촬영 무대이고 오늘 겪었던 일이 하나의 사건이다. 그만큼 주제가 다양하고 접근하기 쉽다. 다큐멘터리가 어렵고 힘들다는 생각을 지우고 가벼운 마음으로 시작해보자.

예를 들어, '어머니'라는 주제를 가지고 다큐멘터리를 만든다고 가정해 보자. 어머니라는 한 단어만으로도 여러 에피소드가 생각날 것이다. 수많은 상상을 바탕으로 하나의 줄기로 묶어서 대본을 만들어 가면 된다. 초등학교 때 배운 글쓰기의 기본을 활용하자. '처음(서론) - 중간(본론) - 끝(결론)' 이렇게 삼등분 된 형식이다. 다큐멘터리의 기본 공식이다. 여기에 갈등이나 위기를 더해도 좋을 것이다. 중간에는 어머니의 인터뷰를 넣을 수도 있다. 오래된 사진첩에서 이야기의 맥을 끌어나가는 것도 재미있을 것이다. 장면에 얼굴이 나타나지는 않지만 장면의 진행에 따라 내용이나 줄거리를 말하면서 이야기의 흐름을 이끌어 나가는 내레이션을 넣는 것도 생각해 보자. 영상으로만 보여주는 것보다 내레이션이 더해지면 그 영상의 완성도와 몰입도도 높아진다. 편지나 메모를 활용할 수도 있고 추억의 장소로 이동해 보는 것도 좋다.

생각의 흐름을 이어가다 보면 어느새 한 편의 대본이 완성된다. 첫 대본 완성으로 끝나지 않고 이후 여러 번의 수정이 필요하다. 영상을 제작하다 보면 욕심이 생겨서 내용이 복잡해 질 수도 있다. 풍부한 내용은 좋지만 영상이 복잡할수록 말하고자 하는 의미가 흐려질 수 있다. 전체적인 흐름에서 방해가 되는 부분은 과감하게 정리하자. 무엇이든 더하는 것은 쉽지만 빼는 것은 어렵다. 처음에는 힘들게 느껴질 수도 있지만 '빼기의 연습'을 이어가다 보면 익숙해진다. 생각의 흐름을 글로 표현해보는 일은 즐거운 경험이다. 모든 글은 확장되어 영상으로 풍부하게 옷을 갈아입을 수 있다.

다른 장르도 도전해보자. 단편영화를 구상해보는 것은 어떨까? 인물들이 필요하기 때문에 힘들게 느껴질 수도 있다. 하지만 구상에는 상상의 제약이 없다. 다양한 스토리를 만들어보자. 지금 당장은 아니더라도 언젠가는 이 대본으로 촬영할 수 있는 날이 올 테니까.

- 2 -

-> 연합뉴스 TV '여행과 풍경' - 강진 편 항구

==

->프롤로그

① 마량항 놀토 수산시장

+토요일 7:00 전후로 3시에 조업 나간 전어 배들이 항구로 들어온다고 함.

#마량항 부감 + 바다 풍경

+배들어 오는 항구

이른 새벽 조업 나간 어부들이 하나 둘 들어 올 시간, 아직 안개가 걷히지 않는 작은 항구가 활기를 띠기 시작한다.++

#기다리고 있는 아줌마나 사람 현장 인터뷰

Q. 누구 기다리나요? 오늘 뭐 잡으러 나간 거예요?

Q. (날씨 보니) 많이 잡혔을 것 같아요?

"이제 막 가을 전어 철이 시작됐다. 이 때가 우리로선 대목이라 많이 잡혀야 하는데. 오늘 만선 기대한다. 등등"

#전어 잡이 배들 들어와 전어 내려놓는 모습

+전어 쏟아지고 담는 작업들

하늘만 봐도, 물 사정에 훤한 어부들의 고장.
남도의 끝자락, 강진 마량항.
다시 찾아 온 반가운 가을 소식, 전어맞이에 마을 전체가 들썼다.

+만선에 기뻐하는 아낙네나 사람들 표정 리액션.

+오늘 상황 어때? 후기 담 얘기하는 어부들 현장음

+팔팔 뛰는 전어들

+배 포구에서 항구 부감으로

계절 마다 또 다른 정취로 유혹하는
남도 답사의 일 번지, 전남 강진.
가을로 가는 길목, 제철 맞은 산해진미와
그리운 바다가 다시, 손짓한다.

==

>여행과 풍경

==

#지도에서 강진과 마량항 위치

- 3 -

+항구 풀 그림과 돌하루방 모습 등등 항구 풍경 중심

+항구 둘러보는 리포터 두 사람 걷고

남도의 끝자락인 전남 강진에서도 최남단에 자리 잡은 항구. 육지와 섬을 잇는 길목으로 조선시대 제주도에서 말을 들여온 곳이어서 마량이란 이름 붙여진, 유서 깊은 항구다. ++

+주변 섬과 바다 풍경

하늘과 바다, 섬으로 그린 커다란 풍경화.
천혜의 입지적 조건과 대규모 경관 사업을 통해 우리나라의 손꼽히는 미항으로 꼽히는 곳. +

#수산 시장 스케치

+이것저것 구경하고 물어보는 두 리포터

+갖는 수산물들

항구를 찾는 관광객들을 위해 넉 달 전부터 매주 토요일 마다 운영되는 놀토 수산시장.
이름 그대로 놀고먹기 위한 토요일 시장으로 갓 잡은 생선과 수산물을 값싸고 신선하게 제공하고 있다.
++

+고민하는 두 사람 모습

풍성한 식재료로 남도에서 맛이 좋기로 유명한 강진.
이 곳의 별미는 뭘까?

->(방짐 말고 수산물 파는) 아줌마들 모여 있는 곳에서 현장 INT.

Q. 이 곳 제일의 별미를 꼽으라면? 이 곳에서만 먹을 수 있는 별미?

+아줌마들 서로 다른 거 얘기하며 자랑

+이 곳 별미가 광어와 야채, 얼린 육수로 만든 '강진된장물회',
라면과 전복, 매생이가 어우러진 '삼합라면',
쇠고기와 낙지 비빔밥, 김국을 먹는 '소낙비' 전어 등 갖은 회 등

#강진된장물회이나 삼합라면 먹는 사람 먹방

Q. 맛 어때? 느낌 좀 받고

#두 리포터 전어 회 시식

하지만 무엇보다 제철 만난 전어. 그것도 새벽에 갓 잡은 전어를 바로 맛볼 수 있는 기회는 이 곳이 아니면 쉽지 않으리..

여행 교양 프로그램 대본

◆ 구성안 ◆ (1/18 월)

[1부] 당신은 어떤 집에 살고 싶으십니까?

1. 인트로 : 2016년 새해, 서울에 사는 2016명에게 물었습니다!
"당신은 어떤 집에 살고 싶으십니까?"

- 서울 사람들의 [주거에 대한 새해 소망 & 바램]인터뷰를 통해 한국주거복지의 과제 도출.

2. 주택문제를 국가 정책으로 사회보장의 개념에 포함.
최적의 주거환경을 제공하는 주거복지 선진국 [영국]

☞ 헌집을 새 집으로!! 영국의 주택 개보수 공공서비스 HIAs (home Impovement Agency) (섭외)

:: 지방 정부와 연계하여 지역주민들(공공임대&민간주택)에게 주택보수서비스 제공

:: 주거환경 개선 '노후 불량 주택 보수' 사례 / 전 과정 follow + 인터뷰

-> 노약자와 장애인 가구 (무장애공간 주택 리모델링 사례 follow + 인터뷰)

:: 에너지 절감을 위한 보일러 교체 서비스 follow

☞ HIAS 운영 체계 sk(등록된 공공임대주택 사업자+지역주민 커뮤니티+지방정부)

☞ 영국 정부(혹은 지방 정부)가 HIAs를 통해 실행하고 있는 정책 및 프로그램

:: 주택을 담보로 한, 노후 주택 개보수 서비스 (loan based housing assistance)

:: The Decent Home Programme을 포함한 민간주택, 재개발 재건축

☞ HIAs 서비스의 현황 및 효과는? ('주거복지 = 일자리')

(* HIAs를 통한 주택관리서비스를 제공하는 지방자치단체의 비율은 잉글랜드와 웨일즈 지역에서 85%에 해당하며, HIAs를 통해 1년 동안 주택관리서비스를 제공받은 가구 수는 245,000가구에 달하는 것으로 나타났다. 또한 HIAs의 집수리공 서비스를 제공하는 지방자체단체 수는 97%에 달하며, 이 서비스를 통해 간편 집수리공의 130,000여 건의 일자리가 창출됐다)

3. [일본①] 일본 최초의 그룹 리빙 하우스 '코코쇼난다이'

☞ '코코쇼난다이' 거주민(65세 이상 여자)의 생활 모습, 인터뷰

: 고령화 사회의 노인 주거복지 & 주거지원 서비스

(◆한국홀몸어르신주택과 흡사/평균 이상의 소득 수준을 가진 65세 이상 여성)

- 주거 수준을 높인 고령자형 임대주택.

4. [일본②] 일본 이야기, NPO (Non-profit Organization)입주서포트센터 '세이프티 아파트'

:: 고령자, 장애인, 가정폭력 피해자, 전과자 등에게 주택 제공, 공공과 민간 사이의 중개 역할.

- 세이프티 아파트 거주 중인 고령자 사례 follow + 인터뷰

- 주거 빈곤층의 주거권 보장과 수요자 중심의 '질적 주거복지'의 중요성, 인터뷰

5. [일본③] 커뮤니티네트 (노후화 된 단지 재생, 도심 속 친환경 공동체 주택)

- 타마우스미 주택의 모토는? '마지막까지 본인답게 안심하며 살 수 있는 곳'

- 타마우스미 주택의 특징 (친환경/입지/커뮤니티)

- 타마우스미 고령 '1세자 입주민 follow + 인터뷰

- 젊은이들 대상 쉐어하우스「리엔과 타마다이라」• 섭외 불가(?)

6. [일본②] 마쿠도 난민 사례자

- 오사카 시립대학 도시연구플라자 전홍규 교수 int (일본 거주/주거복지전문가)

: 일본의 청년 주거 빈곤 실태 등.

- 국토교통성, 동경도시정비국 '주거복지 담당자' INT

◆ 구성안 ◆

[2부] 서울에서 행복하게 산다는 것!

1. 인트로 : 1부 하이라이트 및 2부 예고

2. 대한민국의 주택 개보수 공공서비스 '리모델링 안심주택'

:: 15년 이상 된 노후주택에 단열공사, 보일러 및 배관 교체 등 주택보수서비스 제공

- 노후 불량 주택 보수 사례 / 전 과정 follow + 인터뷰

3. 대한민국의 수요자 맞춤형 공동체 주택 사례 (★ 고령자 중심으로 한 주거 질적 가치 제공)

- 의료 안심 주택 :: '신내 의료안심주택' 거주 중인 고령자/의료취약계층 follow + 인터뷰

- 홀몸어르신 맞춤형 원룸

- 2014-2015 행복주택 추진 현황 (CG)

4. 타워팰리스보다 비싼 고시원에 사는 청년 A씨.

:: 빈곤층 또는 노인의 주거문제에 비해 상대적으로 두드러지지 않았던 청년층의 주거복지 이슈는 매우 중요해졌다.

- 목돈을 모으기 힘들어 월세 사는 요즘 청년들의 자화상.

- 대형 아파트보다 평당 임대료가 더 비싼 소형 주거지.

: [타워팰리스] 평당 임대료 11만 8천원 VS [고시원] 평당 임대료 무려 15만 2천원

5. 대학생 임대 희망 하우징

- 대학생들의 주거 난을 해결할 방안 '희망 하우징' 운영 관리 시스템

- 월세 걱정 없이 학업에 집중하는 대학생 입주자들 SK + 인터뷰

다큐멘터리 구성안

회망의 아이

씬 #13

전북 익산, 양돈단지.

1. 그룹 샷 F.S

FADE IN

등장인물: 태민, 활동가 3명, 말라쿠

핸드 헬드(Hand held) 촬영, 카메라는 제일 뒤에서 인물들을 팔로우.

5명의 인물이 어둠 속에서 바삐 움직인다.

Flash light. 번쩍이며.

2. 원 샷 W.S

말라쿠 : 빨리, 이쪽으로 오세요. 문을 닫아야 해요. (불안하고 다급한 모습, 눈빛)

3. 클로즈 업 C.U

태민 : 저게 뭐야? (카메라로 촬영을 하다가 매우 놀란다.)

4. 배경 인서트 M.S

바닥에 기어가는 바퀴벌레들 사이로 번쩍이는 눈빛이 보인다. (카메라 좌, 우로 POV)

5. 원 샷 B.S

말라쿠 : 사장님이 오기 전에 빨리 찍어야 합니다. 1시간 정도는 여유가 있을 것 같아요.

6. 쓰리 샷 M.S

활동가들은 부지런히 사진을 찍고 자료를 남긴다.

7. 활동가 A 원 샷, B.S

A: 여기 보세요. 이게 우리가 찾던 그 약물입니다. 이 정도 양이면 치사량이야!! (두려운 목소리)

단편 영화 대본

장르가 다른 여러 대본들을 보면서 참고해보자. 형식에 얽매일 필요는 없지만 기본적인 형식을 갖출 필요는 있다. 대본은 혼자만 보는 것이 아니라 스텝들과 공유하면서 협의도 해야 하기 때문이다.

대본이란 제품을 만들 때 쓰이는 설계도와 같다. 어린 시절에 건담 시리즈를 많이 조립했다. 박스를 열어보면 모든 부품들이 가지런히 정리되어 있다. 순서에 맞게 배열되어 있고 부품마다 고유의 번호가 적혀있다. 설계도에는 각 부분을 조립하는 순서대로 설명되어 있다. 박스 겉에 있는 그림만으로는 완성시키기 힘들다. 우리가 제작하려는 영상도 마찬가지다. 대본이 영상을 완성시킬 수 있는 방향을 제시해 준다. 대본을 잘 구성하고 그에 맞추어 영상 제작을 마무리하면 된다. 대본은 촬영을 할 때도, 편집을 할 때도 항상 함께 한다. 한 편의 결과물이 마무리되는 순간까지 항상 곁에 머무는 존재다.

대본에는 내용뿐만 아니라 촬영 시 도움이 되는 다양한 정보들도 표기된다. 카메라 앵글이나 샷 크기에 대한 정보들이다.

예> fs -> bs, dolly in (풀 샷에서 바스트 샷으로 카메라는 달리 인 한다.)

해석> 화면에 사람의 전신이 다 보이게 카메라를 위치한 후 머리에서부터 가슴까지 보이는 사이즈로 카메라가 다가간다. (dolly in : 카메라가 피사체로 다가가며 촬영, 반대는 dolly out이다.)

풀어쓰기에는 긴 내용을 간단하게 표기하면 암호가 된다. 나만 보는 대본이 아니기 때문에 약속한 내용으로 표기를 한다. 이 내용은 뒤에 나올 촬영 부분에서 자세히 다루기로 하고 여기서는 간단히 소개만 하겠다.

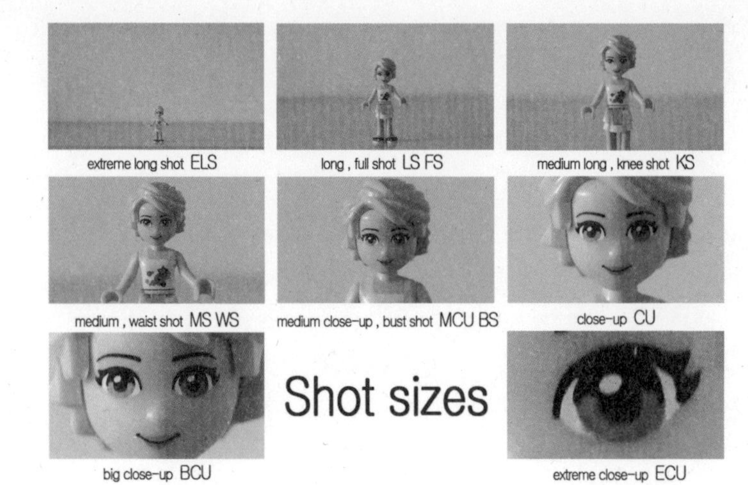

다양한 샷(Shot) 사이즈

특히 영화나 드라마 대본을 구성할 경우에는 각 장면마다 세밀한 묘사가 필요하다. 배경이나 세트에 관련된 설명, 배우의 동선, 표정, 제스처까지도 필요하다면 기입해야 한다. 좀 더 세밀한 부분까지 생각을 해 놓으면 촬영할 때 한결 편하다. 머릿속에서 여러 장면들을 그려보며 대본을 작성해 본다. 실제로 상상하는 장면들을 그림으로 그려보는 것이 큰 도움이 된다. 그림을 못 그려도 관계없다. 자유롭게 그려보자.

예를 하나 들어 함께 상상해보자.

예> 한 남자가 앉아있다. 이곳은 복잡한 도심의 대로변에 위치한 카페다. 밖이 보이는 창가 바 테이블에 앉아있는 남자는 노트북으로 무엇인가를 열심히 작업하고 있다. 지속적으로 손가락이 움직이는 걸로 봐서 글을 쓰고 있다는 것을 알 수 있다. 남자의 오른쪽에는 김이 모락모락 올라오는 커피가 큰 사이즈 컵에 담겨있다. 뜨거운 커피를 식히기 위해서 뚜껑을 열어놓은 상태다. 그러던 중 어떤 여자가 남자의 오른쪽 빈자리에 앉는다. 앉으면서 눈이 마주친 남자에게 미소를 짓는다. 남자도 미소를 보낸다. 여자는 수첩을 꺼내서 무엇인가를 끄적인다. 그리고 자신의 왼쪽에 있는 커피를 마신다. 계속 수첩에 뭔가를 적던 여자는 시선을 수첩에 둔 채 커피 컵을 잡기 위해 손을 뻗는다. 커피 컵에 손이 간다. 남자가 손으로 컵을 쥐고 있는 상태에서 여자의 손이 닿는다. 두 사람의 눈이 마주친다.

머릿속에 이미지가 그려진다. 아직은 대본이 아닌 상황에 대한 묘사다. 하지만 우리의 머릿속에는 어느 정도 장면이 그려진다. 상상이 된다. 이 상상을 토대로 대본을 작성해 보자.

(Shot sizes 그림을 참고하여 괄호 안의 샷 크기를 구성했다. 2S는 화면에 인물 두 명이 있다는 '투 샷'의 의미다.)

예> Scene #1

장소: 복잡한 도심의 대로변 카페, 낮
등장인물: 남 1, 여 1

(카페 배경 소음, 재즈 음악)

상황 남자가 창가에 있는 바 테이블에 앉아 노트북으로 작업 중이다. (FS)

오른쪽에는 큰 사이즈의 커피가 있고 뚜껑은 열려있다.

(천천히 커피 CU) (남자의 시선은 노트북에 집중되어 있음)
(노트북의 키보드 소리)

여자의 등장, 남자의 오른쪽 빈자리에 앉음 (2S)

수첩을 꺼내서 그림을 그리는 여자 (수첩 CU)

수첩에는 창밖의 풍경이 스케치 됨 (쓱싹 쓱싹, 연필 소리)

자연스럽게 남자의 커피에 손을 뻗음
(커피 컵에 여자 손이 우에서 좌로 frame in)

커피를 한 모금 음미하면서 계속 작업 중인 여자 (WS)

각자의 작업을 열심히 하는 남과 여 (2S)

다시 여자의 손이 움직임 (여자의 손만 CU follow)

커피 컵을 잡고 있는 남자의 손에 여자의 손이 닿는다.
(커피 컵 FS)

남자의 시선 (BS), 여자의 시선 (CU)

커피 컵 (FS)

예를 들기 위해서 세밀하게 상황을 대본화했다. 일반적으로 대본을 이렇게 자세하게 구성하지는 않는다. 카메라의 샷을 하나하나 구분해서 적지는 않지만 상황을 좀 더 영상화해서 표현했다. 화면으로 보는 것 같은 느낌이 든다. 영상은 화면에서 플레이가 되어야 진정한 생명을 얻는다. 그래서 끊임없이 사각 프레임을 토대로 상상하는 훈련이 필요하다. 보여줄 것과 생략할 것을 구분 짓고 어떤 것에 집중해야 할지를 선택해야 한다. 위 예시는 어느 카페의 광고를 구성해본 것이다.

이번에는 조금 다른 형식의 대본을 한 번 구성해보자. 다큐멘터리 형식이다. 다큐멘터리는 영상을 제작할 때 비교적 쉽게 다가갈 수 있는 형식이다. 쉽다는 말의 의미는 다큐를 제작하는 것이 쉽다는 이야기가 아니다. 형식적인 면에서 이해하기 쉽고 조금 더 익숙하다는 뜻이다. 다큐멘터리의 대본은 직설적이고 해설적이다. 기본 스토리의 전개는 내레이션이 주가 된다.

예> 다큐멘터리

장소: 복잡한 도심 대로변 카페, 낮
등장인물: 남 1, 여 1

내레이션 혼잡한 도심의 어느 카페에서 자신만의 시간을 즐기는 남자가 있습니다. 그의 이름은 OOO, 올해로 서른 살이 된 프리랜서 작가 입니다. 오늘도 그는 같은 자리에서 글을 쓰고 있네요.

<남자 인터뷰>

Q. 왜 이곳에서 작업을 하시나요?

남자 저는 이곳이 좋습니다. 너무 조용하지 않아서 오히려 집중이 잘 되는 편이죠. 물론 때로는 시끄러워서 정신이 혼미할 때도 있죠. 하하하. 그래도 저만의 작업실을 갖기엔 아직 어렵기 때문에 여기가 최고의 작업실인 셈입니다. 이곳의 살인적인 물가와 비용에 비하면 매일 커피 한 잔 값에 작업실을 얻는 셈이죠. 그 정도면 아주 훌륭하다고 생각합니다.

내레이션 지금 문을 열고 들어와서 남자의 옆에 앉은 여자는 OOO입니다. 올해 졸업을 앞둔 미대생이죠. 졸업작품의 스케치를 하기 위해 이곳에 자주 오곤 한답니다.

<여자 인터뷰>

Q. 이곳을 자주 오시나요?
자주 오신다면 그 이유를 얘기해 줄 수 있을까요?

여자 네, 자주 오는 편이죠. 일주일에 4~5일은 오는 것 같아요. 커피를 좋아하기도 하고요. 이곳의 커피는 다른 커피들보다 아주 써요. 아주 써서 마음에 들죠. 저는 쓴 게 좋거든요. 그러다 보니 다른 곳에 가기가 힘들어요. 그리고 오래 마실 수 있어서 좋죠.

저는 창가에 앉아서 지나가는 사람들을 구경하는 걸 좋아해요. 사람들의 모습을 지켜보면 그들의 삶을 느낄 수 있거든요. 거기서 영감을 얻죠. 그리고 그 모습을 상상해서 그립니다. 이게 저의 일이고 예술이에요.

내레이션 이들에게 커피 한 잔은 단순한 음료가 아닙니다. 오늘의 삶을 지켜내는 희망이라고 할 수 있죠. 커피는 음료를 뛰어넘어 시간의 문화로 자리매김하고 있습니다.

(카페 안의 다양한 사람들이 커피를 마시며 이야기하고 일하는 모습을 보여준다.)

다큐멘터리도 종류가 다양하기 때문에 하나의 형식으로 대변할 수는 없다. 하지만 보통 내레이션과 인터뷰를 통해서 스토리를 끌어 나가는 것이 보편적이다. 내레이션에 맞는 화면 구성이 무엇보다 중요하기 때문에 그에 맞는 자료를 수집해야 한다. 인내심을 가지고 조사하며 자료를 모으는 마음의 여유가 필요하다. 다양한 다큐멘터리를 관찰해보면서 어떤 종류들이 있는지 특성은 어떠한 지를 살펴보자. 여러 편의 다큐멘터리를 보다 보면 일정한 흐름이 눈에 들어올 것이다. 이제부터는 영상을 시청할 때, 스토리에만 집중하지 말고 전체적인 구성과 형식에 대해서도 살펴보자. 제작자의 눈으로 바라보면 더욱 재미있고 비판적으로 시청할 수 있다.

지금까지 대본에 대하여 간단하게 알아보았다. 대본 작업은 사실 작가의 전문분야로 구분되기 때문에 전문 작가만큼 대본에 집중하기가 어렵게 느껴질 수도 있다. 하지만 지금은 전체적인 영상 제작의 흐름을 이해하는 것이 먼저이기 때문에 간략하게 정리했다. 영상 제작의 흐름을 이해하고 한 분야씩 깊이 있게 다가간다면 더욱 생동감이 넘치는 작품을 만들 수 있고 창작의 기쁨도 느낄 수 있다.

10 스태프 Staff 구성

영화관에서 영화가 끝나면 조명이 밝아지면서 엔딩 음악이 나오고 스텝 스크롤이 올라간다. 영화가 끝나는 동시에 사람들이 나가기 때문에 나는 기다렸다가 움직이는 편이다. 스텝 스크롤을 보면서 어떤 사람들이 고생했는지도 살펴본다. 수백 명이 각자의 역할에 충실했기에 영화는 완성된다. 영상 제작도 마찬가지다. 때로는 많은 스텝이 함께 해야 할 경우도 있다. 1인 프로덕션과는 차이가 있지만 영상의 종류나 목적에 따라 혼자 해낼 수 없기 때문에 스텝에 대한 이야기를 잠깐 하는 것이 좋겠다.

PD는 모든 스텝과 원활한 소통을 해야 한다. 스텝들과 함께 작업할 때, PD는 대장의 존재가 아니다. 간혹 PD 스스로 대장이라 생각하고 스텝들을 억누르는 경우가 있다. 이건 잘못된 태도다. 영상 제작에 있어서 모든 스텝들은 평등한 관계성이 요구된다. 그리고 협력하는 관계가 되어야만 한다. 평등한 상황에서 좋은 아이디어를 공유하게 되고 전체적으로 영상의 완성도도 좋아진다. 스텝들은 각 분야의 전문가들이다. 그들의 의견을 존중하고 협의를 하다 보면 좋은 결과를 얻을 수 있다. 최종적으로 영상에 대한 책임을 지는 사람은 PD이기 때문에 어떤 결정을 해야 하는 것도 PD의 몫이다. 하지만 여러 스텝들의 의견을 존중하고 그들과 함께 생각하는 PD가 되면 좋겠다. 스텝을 존중하려면 잘 알아야 한다. '1인 프로덕션'에서는 스스로가 해야 할 역할들이니 감정이입을 해보자.

작가

작가는 기획 단계에서 가장 이야기를 많이 나누는 협력자다. 영상의 기획서를 바탕으로 함께 의견을 나누고 아이디어를 공유한다. 작가는 다양한 자료를 선별하여 수집하고 인터뷰가 필요한 대상을 섭외하기도 한다. 풍성하고 알찬 내용을 위해 대본을 구성하는 일에 전력을 다한다. 영상 제작에 있어서 뼈대가 되는 역할을 진행하기 때문에 그만큼 중요하고 책임감이 필요하다. PD와 긴밀하게 커뮤니케이션을 유지하고 대본의 수정이나 추가할 내용들을 검토한다. 촬영에 필요한 장소나 배경에 대한 지식도 많이 알고 있으면 더욱 좋다. 현장 수정이 많은 경우에는 촬영에 동행하기도 한다.

촬영 감독

촬영 감독은 카메라를 통해 세상을 보는 눈을 가졌다. 대본을 바탕으로 화면을 구성하고 카메라의 위치나 움직임 등을 상의한다. 촬영장에서는 PD와 가장 많은 커뮤니케이션이 필요하다. 좀 더 나은 장면을 위해서 고군분투한다. 때로는 PD의 생각과 촬영 감독의 의견이 일치하지 않을 때도 있다. 결국 영상에 대한 책임을 지는 PD의 결정이 필요하지만 현장에서 많은 경험과 기술을 쌓은 촬영 감독의 의견을 귀담아들어야 한다. 좋은 결과를 위해서 노력하는 것은 촬영 감독이나 PD나 마찬가지다. 작품에 대한 끝없는 고민은 촬영이 끝나는 순간까지 계속된다.

조명 감독

조명 감독은 촬영 감독과 함께 긴밀한 관계를 유지한다. 화면 구성에서 가장 중요한 부분을 담당한다. 바로 빛의 영역이다. 카메라는 우리의 눈과 다르기 때문에 빛에 민감하다. 우리의 눈보다 스펙트럼이 넓지 않기 때문이다. 이런 이유로 촬영에는 조명의 역할이 중요해진다. 어두운 부분이 너무 어두워지지 않게, 밝은 부분은 너무 밝아서 넘치지 않게 유지한다. 조명에 따라서 완성도가 달라지기 때문에 신경 써야 한다. 카메라 감독과 함께 좋은 화면을 만들기 위해 많은 대화와 소통이 필요하다.

오디오 감독

영상은 눈에 보이는 것과 귀로 들리는 것이 합쳐져야 제대로 역할을 할 수 있다. 오디오에 대한 부분은 그만큼 중요하다. 약간이라도 귀에 거슬리는 소리가 있으면 사람들은 즉시 감지한다. 배경 소리의 공백만으로도 관객은 의아해할 수 있다. 영상이 끝날 때까지 자연스러운 오디오의 흐름을 유지하는 것이 중요하다. 적절한 순간마다 알맞은 음악과 효과음이 들어가면 영상은 더욱 돋보인다. 오디오 감독은 두 번의 중요한 역할을 수행한다. 촬영 중의 오디오 녹음과 편집 시에 오디오 작업이다. 보통 촬영장의 동시 오디오 감독과 편집실의 오디오 감독은 다른 경우가 많지만 편의에 따라 같이 정리했다.

편집 감독

촬영을 끝냈으면 이제 편집을 거쳐 영상 제작을 마무리해야 한다. 편집 감독은 편집에 대한 영역을 책임지는 역할이다. PD와 함께 영상 제작의 최종 작업인 편집으로 결과물을 만든다. 오디오 감독과의 협업도 필요하다. 배경음악이나 효과음, 내레이션, 더빙 등을 합쳐서 오디오 편집을 한다. 편집에서는 원래의 기획과 촬영본의 차이점을 극복하기 위한 시도가 필요하다. PD와의 긴밀한 커뮤니케이션을 통해 완성도를 높이는 것이 중요하다. 때로는 수정 작업을 몇 번에 걸쳐서 진행하는 경우도 있다. 편집은 시간과 꼼꼼함이 필요한 작업이니 편집 기간을 넉넉하게 확보하면 좋다. 마감시간에 쫓기면 완성도가 떨어지기 마련이다.

이 외에도 여러 중요한 역할이 있다. 간단하게 정리해보자.

연출 팀(AD, 스크립터), 카메라 팀, 조명 팀, 특수촬영(지미집, 드론, 크레인, 항공, 수중), 코디네이터(의상 및 메이크업), 무대 및 미술, 로케이션 매니저(장소 섭외), CG 및 3D 그래픽 등 다양한 스텝들이 역할을 다하여 훌륭한 영상을 만들기 위해 노력한다. 이렇게 많은 인력이 필요한 일들을 우리가 혼자서 해낼 수 있을까? 혼자서 해낼 수 있는 범위는 분명히 존재한다. 스텝과 함께해도 좋고 혼자도 좋다.

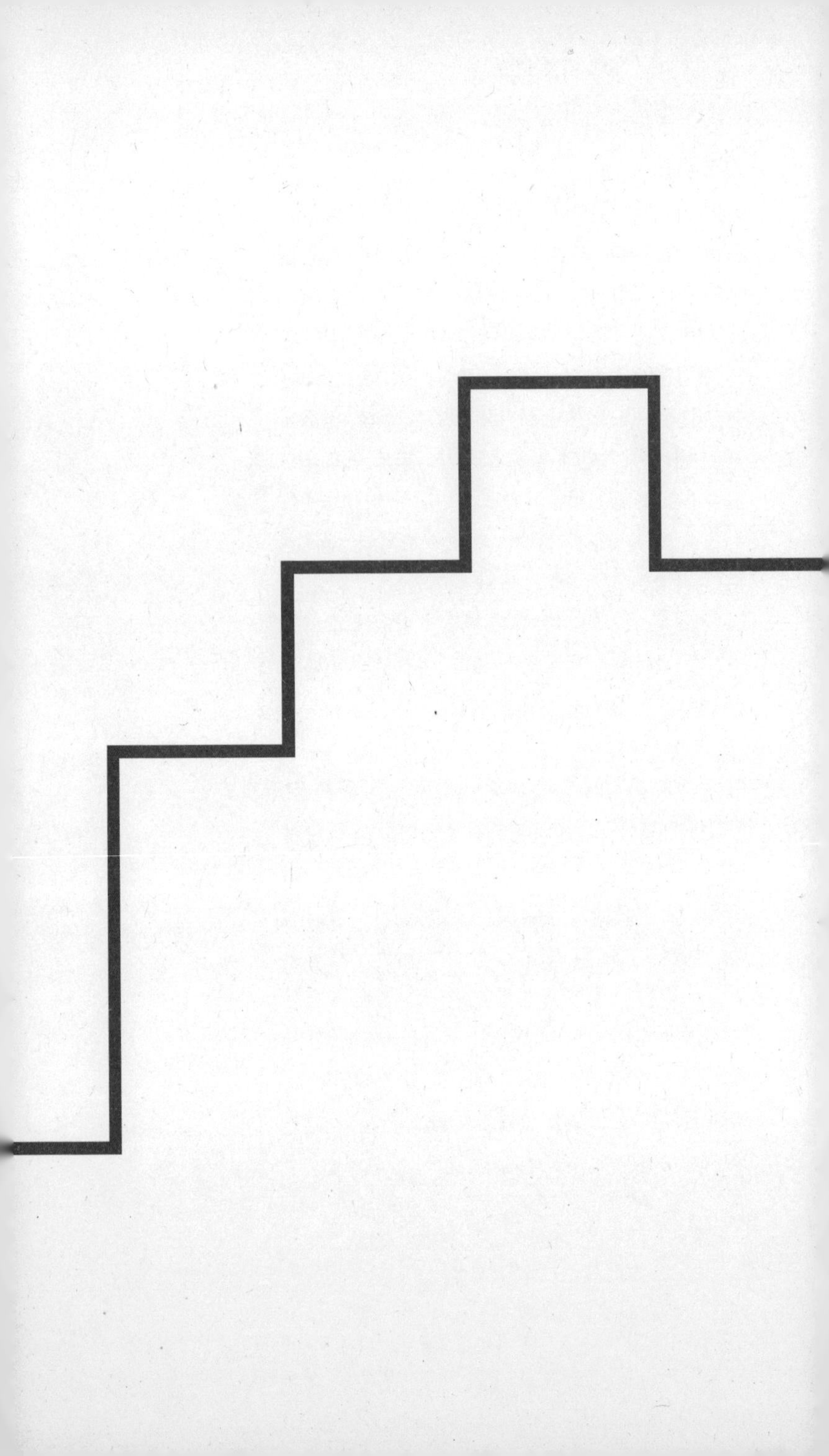

제작 Production

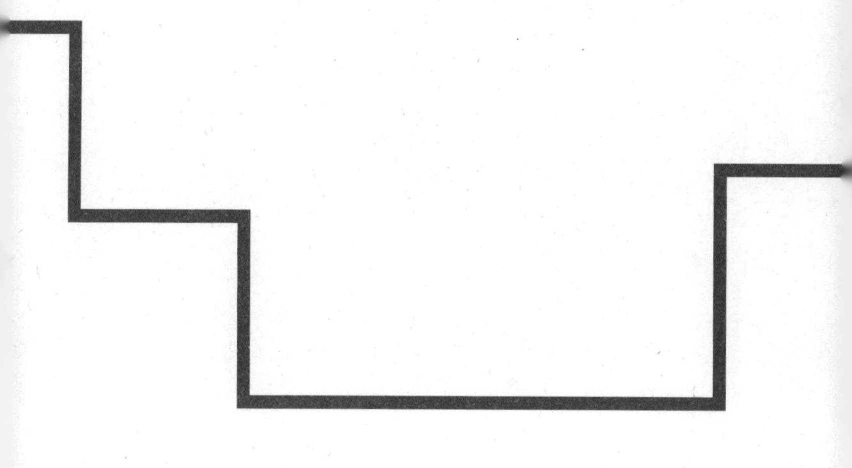

11 콘티 Continuity I

여러 고개 중에 기획이라는 큰 고개를 넘었다. 기획을 바탕으로 대본 작업도 마무리했다. 이제는 본격적으로 제작에 들어갈 차례다. 하지만 대본만으로 촬영을 하려면 뭔가 부족함이 느껴진다. 그래서 '콘티, 스토리보드' 작업이 필요하다. 콘티 작업을 하려면 샷에 대한 개념도 알아야 하고 샷의 연결도 생각해야 한다. 영상 문법에 대한 이해도 필요하다. 어떻게 샷의 흐름을 이끌어내고 시청자의 감정을 끌어갈 것인지에 대해서도 고민해야 한다. 영상의 호흡을 조절해야 한다. 어렵지 않으니 하나씩 알아보도록 하자.

콘티, 스토리보드

흔히 영상 제작에서 콘티 Continuity 라고 부르는 작업은 크게 세 부분으로 볼 수 있다. 화면 Video, 내용 Contents, 소리 Audio 다. 이 밖에 타이틀, 화면의 순서를 나타내는 Cut number, Scene number가 있다. Number는 간단하게 #으로 표시하기도 한다. 예를 들면 Scene #1, Cut #5는 씬 넘버 1, 컷 넘버 5로 이해하면 된다. 씬 Scene 과 컷 Cut 에 대해서는 잠시 후에 알아보도록 하자.

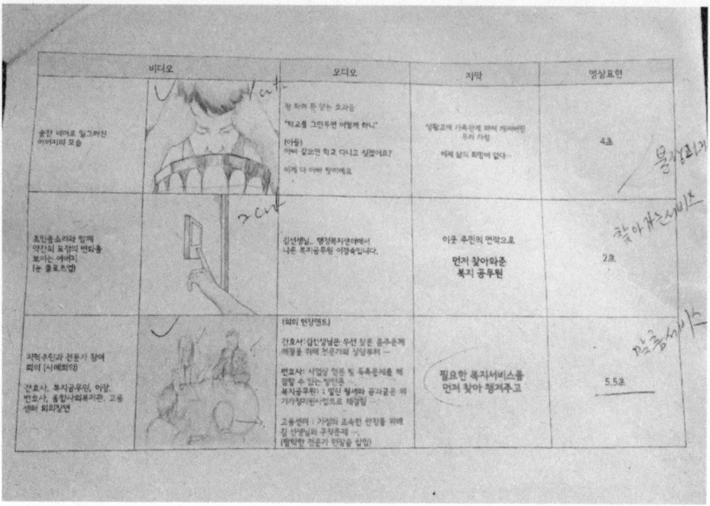

비디오		오디오	자막	영상표현
술잔 너머로 일그러진 아버지의 모습		[illegible] "학교를 그만두면 어떻게 하니" (아들) 아빠 같으면 학교 다니고 싶겠어요? 이게 다 아빠 탓이에요	생활고에 가족관계 마저 깨져버린 우리 가정 이제 삶의 희망이 없다…	4초
초인종소리와 함께 약간의 표정의 변화를 보이는 아버지 (눈 클로즈업)		김선생님.. 행정복지센터에서 나온 복지공무원 이경숙입니다.	이웃 주민의 연락으로 먼저 찾아와준 복지 공무원	2초
지역주민과 전문가 참여 회의 (사례회의) 간호사, 복지공무원, 이장, 변호사, 종합사회복지관, 고용센터 회의장면		(회의 현장멘트) 간호사: 김선생님은 우선 잦은 음주문제 해결을 위해 전문가와 상담부터 … 변호사: 사업상 얻은 빚 등 [illegible] 해결할 수 있는 방안은 … 복지공무원: 밀린 월세와 공과금은 [illegible] 해결될 … 고용센터: 가정의 조속한 안정을 위해 김 선생님의 구직문제 …. (짤막한 전문가 인터뷰 삽입)	필요한 복지서비스를 먼저 찾아 챙겨주고	5.5초

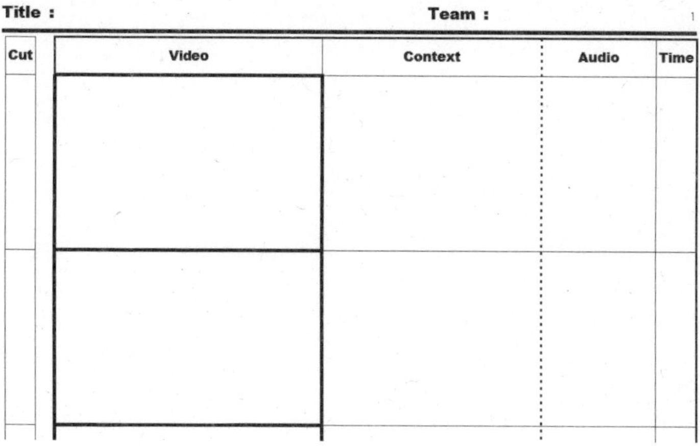

Title : **Team :** 1

Cut	Video	Context	Audio	Time

콘티, 스토리보드 예

대본은 내용 위주로 설명이 되어 있지만 콘티는 직접적으로 화면을 구성하는 그림으로 표현이 된다. 한눈에 쉽게 이해할 수 있도록 표현해야 한다. 생각하는 장면을 글과 그림으로 함께 설명하면 자신은 물론이고 스텝들의 이해도 빠르다. 콘티의 중요성에 대해서 인식했으니 대본을 머릿속에 그리며 실제의 화면을 상상해보자.

아직은 콘티를 어떻게 표현할지에 대해서 막막하다. 대본은 글로만 되어 있는데 이것을 그림으로 표현한다는 것이 버겁다. 어렴풋이 머릿속에 상상은 가지만 구체적이지 않다. 다양한 샷을 이해하고 그 연결과 흐름을 생각하며 스토리를 구성하는 능력을 키울 시간이다. 그리고 다시 콘티를 보면 그때는 좀 더 쉽게 다가갈 수 있다.

12 샷의 크기에 따른 분류 Nice Shot

콘티를 구성하기 위해서는 샷 Shot 에 대해 이해를 해야 한다. 영화나 다른 영상 작품들을 감상할 때에도 샷에 대한 이해가 있다면 더 깊이 있는 이해가 가능하다.

개인 촬영 Honolulu Diamond Head 2017, Extreme Long Shot

익스트림 롱 샷 / ELS (Extreme long shot)

인물은 거의 보이지 않는 풍경이나 도시의 모습, 배경이 되는 곳에 대한 설정을 보여주는 샷이다. 영화의 시작이나 끝부분에 주로 보이는 샷으로 스토리가 전개되는 곳의 장소를 설정하고 자연스럽게 장소의 이동이나 배경 등을 나타낸다. 시간과 날씨, 전반적인 배경의 정보를 보여준다. 높은 건물에서 촬영하거나 항공 및 드론 촬영을 적용하면 몰입도가 올라간다. (keyword - 도시, 자연, 배경, 날씨, 시간, 정보 등)

Wanderer above the Sea of Fog / Caspar David Friedrich

좋아하는 작품을 예제로 삼고 싶었다. 안갯속을 응시하는 신비스러운 남성의 뒷모습에서 많은 것을 생각할 수 있는 그림이다. 이 정도면 롱 샷의 예시로 훌륭할 것 같다.

롱 샷, 와이드 샷 / **LS (Long shot), WS (Wide shot)**

인물은 보이지만 여전히 화면의 작은 비율, 인물과 인물이 있는 배경적인 요소에 더욱 많은 정보를 담고 있는 샷이다. 본격적인 스토리가 시작되기 전에 그 장소의 정보들을 전달하고 인물들의 배치나 주변 사물과의 관계 등을 보여준다. (keyword - 인물과 환경, 정보, 동선, 위치, 장소 등)

풀 샷부터는 한 번에 설명하는 것이 이해가 편할 것으로 생각된다. 실제로 이 그림을 봤을 때 살아서 움직일 것 같은 기대감이 들었다. 당시 사교계의 유명한 여인 '마담 X'를 모델로 삼았다.

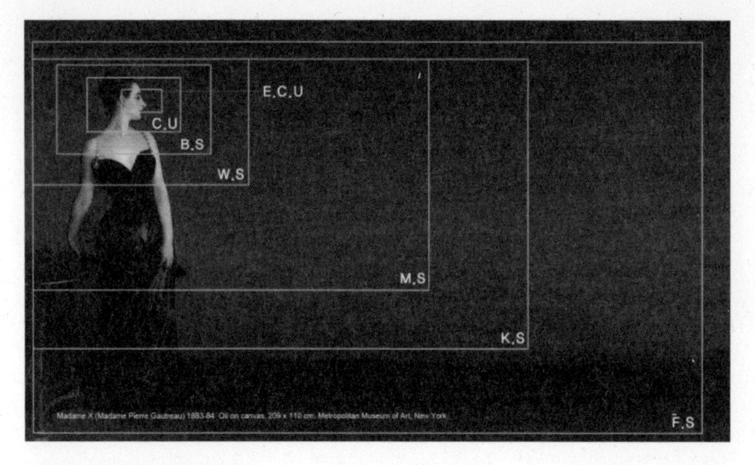

Madame X / John Singer Sargent

풀 샷 / FS (Full shot)

인물의 전체적인 모습을 담을 수 있는 샷. 인물의 표정보다는 행동과 상태를 나타내는 샷이다. 입고 있는 옷과 신발 등 전체적으로 느껴지는 외모나 스타일에 대한 표현도 포함된다. 화면에서 보이는 다양한 정보들로 인물의 상태나 직업, 처한 상황 등을 짐작할 수 있다. (keyword - 외모, 키, 옷, 신발, 직업, 행동, 스타일 등)

니 샷 / KS (Knee shot)

인물의 무릎 위부터 머리까지 보여줄 수 있는 샷. 풀 샷보다는 좀 더 확대된 샷이다. 표정까지는 자세하지 않지만 행동이나 동작을 보여줄 수 있다. 인물의 키가 작은 경우에 니 샷으로 찍게 되면 키를 숨기며 약점을 보완할 수 있다. (keyword - 동작, 제스처, 키, 외모, 행동 등)

미디엄 샷 / MS (Medium shot)

허벅지 중간부터 머리까지 보여줄 수 있는 샷. 미디엄 샷부터는 화면에 보이는 주변 정보보다는 인물에 포커스가 맞춰진 샷으로 본다. 두 명의 인물이 서서 대화하는 장면에서 투 샷으로 잡을 때 기본 형으로 적당하다. 대화를 하면서 제스처로 인한 팔 동작이 잘리지 않을 정도의 사이즈이기 때문이다. (keyword - 대화, 투 샷, 행동, 팔 동작 등)

웨이스트 샷 / WS (Waist shot)

허리 위부터 머리까지 보여줄 수 있는 샷이다. 인터뷰나 뉴스 등에서 가장 보편적으로 쓰이는 샷으로 인물이 자연스럽게 대화하는 형태의 모습으로 표현할 수 있다. 적당한 제스처와 팔 동작이 화면에 잘리지 않기 때문에 정보를 전달하는 프로그램이나 사회자, 앵커 등의 기본 화면 사이즈다. (keyword - 뉴스, 앵커, 리포터, 인터뷰, 대화, 기본 사이즈)

바스트 샷 / BS, MCU (Bust shot, Medium close up)

인물의 가슴 윗부분부터 머리까지 촬영하는 샷이다. 웨이스트 샷과 함께 가장 많이 쓰이는 샷 중에 하나다. 웨이스트 샷보다는 좀 더 집중된 모습과 강조되는 부분에 사용하면 효과적이다. TV 화면이 4:3 프레임 비율에서는 웨이스트 샷보다 바스트 샷을 선호했지만 현재는 16:9 와이드 비율이라 웨이스트 샷을 많이 쓰는 추세다. 가정용 TV 화면이 대형화됨에 따라 바스트 샷 이상부터는 인물이 지나치게 커 보이기 때문이다. 장시간 시청 시에 부담감을 줄 수 있고 화질이 좋은 HD 화면 이상에서는 피부 상태까지 자세히 보인다. (keyword - 뉴스, 리포터, 강조, 대화, 인물)

클로즈 업 / CU (Close up)

인물의 얼굴 전체가 화면에 가득 찰 정도로 촬영하는 샷이다. 인물의 표정을 잘 나타낼 수 있다. 사물의 변화나 변형되는 모습, 자세한 표현에 적합하다. 인물의 표정이 잘 드러나기 때문에 내면의 심리적인 상태가 얼굴로 표현되는 표정 연기에 주의해야 한다. 제스처를 위해 손, 발 등을 따로 클로즈업하기도 한다. (keyword - 표정, 얼굴, 웃음, 놀람, 슬픔, 기쁨, 찡그림 등)

익스트림 클로즈 업 / ECU (Extreme close up)

인물의 눈, 코 부분이 화면에 가득 찰 정도로 촬영하는 샷이다. 세밀한 표정의 변화를 나타낼 수 있고 인물의 상황이나 감정의 극단적인 표현이 가능하다. 또한 눈동자의 움직임과 떨림, 눈동자에 반사된 장면까지 연출할 수 있으며 충격적인 다음 샷을 예고하는 경우에도 쓰인다. (keyword - 공포, 광란, 슬픔, 놀람, 눈물 등)

이렇게 주로 쓰이는 샷을 크기에 따라 분류해 보았다. 좋아하는 영화를 보면서 위의 샷들을 맞춰보자. 영화 한 편을 보고 나면 샷에 대한 이해가 쉽게 가능해지고 적용도 할 수 있다. 앞으로 콘티를 구성할 때 도움이 될 것이다. 샷에 대한 이해가 생기면 응용도 가능해진다. 처음부터 과격한 샷을 시도하기보다는 기본적으로 많이 쓰이는 샷을 충분히 연습하고 자신만의 개성을 찾아보자. 여기에서 소개한 샷이 정답이라고 생각하지는 말자.

13 샷의 움직임에 따른 분류 Move your Camera

카메라 움직임에 따른 샷의 변화에 대해 알아보자. 상황에 따라 카메라의 움직임은 다양한 표현과 느낌을 나타낸다. 기본적인 카메라 움직임을 익히고 응용해보자. 카메라의 몸체는 삼각대에 고정되어 있는 것을 기본으로 한다.

픽스 샷 Fix shot

카메라를 고정시키고 촬영하는 샷이다. 일반적인 샷들은 카메라를 고정시킨 뒤 촬영하게 된다. 가장 안정적이고 기본적인 카메라 포지션이다.

팔로우 샷 Follow shot

고정되어 있는 픽스 샷에서 피사체가 움직이는 방향으로 카메라가 따라가는 경우를 말한다. 이야기를 하면서 자연스럽게 움직이는 인물이나 움직임이 있는 피사체를 효과적으로 촬영한다.

팬 샷 Pan shot

좌, 우로 움직이며 촬영하는 샷이다. 카메라의 몸체는 고정되어 있고 좌에서 우로 또는 우에서 좌로 회전하며 촬영한다. 뛰어가는 인물을 촬영하거나 움직임이 빠른 자동차 등을 효과적으로 촬영할 수 있다.

틸트 샷 Tilt shot

상, 하로 움직이며 촬영하는 샷이다. 카메라의 몸체는 고정되어 있고 위에서 아래로 또는 아래에서 위쪽 방향으로 촬영한다. 한 화면에서 담을 수 없는 정보들을 보여줄 때 유용하다. 높은 건물을 아래에서부터 위로 보여주거나 윗집 창문을 보여주고 서서히 아랫집 창문을 보여주는 샷을 생각해 보자.

줌 샷 Zoom shot

가장 쉽게 샷의 사이즈를 변화시킬 수 있다는 장점이 있다. 카메라에 줌렌즈가 있어야 한다. 상황에 따라 '줌 인'(점점 가까워짐), '줌 아웃'(점점 멀어짐)으로 촬영할 수 있다. 줌 인의 경우, 피사체로 점점 다가감으로써 긴장감을 고조시키고 강조하는 역할을 한다. 줌 아웃의 경우 멀어지는 느낌과 긴장의 해제, 한 씬의 마지막을 장식하는 역할이 가능하다. 패스트 줌 인, 줌 아웃은 카메라 기법의 하나로 역동적인 느낌을 선사하기도 한다. 뮤직비디오나 익스트림 스포츠를 촬영할 때 이용하면 생동감 있고 빠른 느낌의 화면을 담아낼 수 있다.

달리 샷 Dolly shot

줌 샷과 비슷하게 느껴지지만 다른 개념이다. 카메라와 피사체의 물리적 거리가 실제로 가까워지고 멀어지는 카메라 움직임이다. 피사체로 점점 다가가는 카메라를 상상해보자. 화면에서 보이는 느낌은 '줌 인'하는 것과는 다른 느낌을 선사한다. 좀 더 입체적인 몰입감을 느끼게 하는 샷이다. 특히 공포영화나 긴장감을 나타내는 장면에서도 효과적이다. 하지만 카메라의 움직임이 자연스럽고 속도가 일정해야 효과가 좋다. 달리 샷과 줌 샷을 동시에 촬영한 장면은 영화 '사이코 Psycho 1960'에서 처음으로 시도했다. 실감 나는 몰입과 공포를 체험할 수 있다.

트래킹 샷, 아크 샷 Tracking shot, Arc shot

촬영 장소에 미리 트랙을 깔아 놓고 카메라를 설치한 후에 촬영한다. 장소에 따른 제약이 있다. 일자형 트랙과 곡선인 아크 트랙을 함께 이용할 수 있다. 트랙을 깔 때에는 수평을 정확히 맞추어야 한다. 트랙과 트랙의 연결 부위를 점검하여 카메라가 움직일 때 흔들림이나 걸림이 없도록 한다. 좌에서 우로, 앞에서 뒤로 또는 그 반대로 여러 방향의 촬영이 가능하다. 줌 인과 달리 샷을 합쳐서 동시 표현도 가능하다. 뮤직비디오, 영화, 홍보영상 등 여러 분야에서 활용한다. 특히 아크 샷은 특별한 분위기를 느끼게 해준다. 드라마나 영화의 해피 엔딩에서 볼 수 있는 샷이다. 드라마틱 한 느낌을 선사한다. 촬영 준비에 다소 시간이 소요됨을 참고하자.

크레인 샷, 지미집 샷 Crane shot, Jimmy Jib shot

다양한 움직임의 표현이 가능한 크레인 샷은 인상적인 화면을 담을 수 있다. 원리는 비슷하지만 규모에서 크레인과 지미집으로 구분한다. 카메라맨이 직접 탑승하여 촬영하는 크레인 샷은 다채로운 느낌의 샷을 촬영할 수 있다. 지미집은 카메라만 끝부분에 장착하여 컨트롤러를 사용해 카메라를 움직이며 촬영한다. 뮤직비디오, 영화, 홍보영상, 방송 등에서 다양하게 쓰이며 롱 샷과 와이드 샷도 표현이 가능하다. 공중에서 트래킹, 아크, 달리, 줌 등의 다각적인 표현이 가능하다고 생각하면 된다. 하지만 고가의 장비라서 운용비를 생각해야 하고 장비의 크기도 고려해야 한다.

스테디 샷 Steady shot

삼각대가 아닌 카메라맨의 몸에 직접 장착하여 촬영한다. 스테디 샷으로 찍은 화면은 생동감이 있고 보는 이가 직접 현장에 있는 기분을 느끼게 한다. 리얼 버라이어티 쇼나 주관적인 시점 POV 샷을 촬영할 때 많이 쓰인다. 주인공이 도주하는 장면을 카메라맨이 따라가면서 찍을 수도 있고 롱 테이크 샷으로 영화의 시작 부분을 리드미컬하게 표현할 수도 있다. 요즘에는 다양한 장비로 구현이 가능하며 짐벌(Jimbal 카메라가 흔들리지 않도록 잡아주는 장치)로 비슷한 효과를 낼 수 있다.

핸드헬드 샷 Handheld shot

손으로 직접 카메라를 쥐고 촬영하는 샷이다. 스테디 샷에 비해 역동적이면서 불안정한 느낌이 든다. 사람이 직접 들고 촬영을 하기 때문에 그만큼 떨림이나 흔들림이 있다. 하지만 이동성과 움직임의 편리함 때문에 많이 쓰인다. 현장 취재, 뉴스, 다큐멘터리, 추격 장면에서 자주 볼 수 있다. 시청자가 장시간 보기에는 어지럽고 불편할 수 있다. 핸드헬드로 촬영된 영화 '블레어 위치 The Blair Witch Project 1999'가 대표적이다. 인물의 심리상태인 불안함과 초조함, 위급함의 느낌을 화면에 그대로 표현할 수 있다는 장점이 있다. 하지만 특별한 경우를 제외하고 안정적인 삼각대 촬영을 권한다.

다양한 샷의 구현

카메라 장비들의 발전으로 저렴하게 다양한 장비들을 사용할 수 있게 되었다. 특히 드론을 활용한 촬영은 이미 대중화되었다. 방수 기능이 추가된 카메라들이 많아짐에 따라 수중 촬영도 쉽게 가능해졌다. 또한 360도 카메라로 다채로운 촬영이 가능하다. 자신만의 개성을 살려서 여러 가지를 시도해보자. 새로운 느낌의 화면을 담아내는 것만으로도 보는 이의 마음을 사로잡을 수 있다.

14 샷의 구분

다양한 샷의 구분에 대해서 알아보자. 긴 설명이 필요 없이 참고 화면을 보면 쉽게 이해할 수 있다.

투 샷, 쓰리 샷 Two, Three shot

화면에 인물이나 피사체의 수에 따른 샷을 말한다.

The Two Popes / Fernando Meirelles 2019 투 샷

Playing It Cool / Justin Reardon 2014 쓰리 샷

그룹 샷 Group shot

화면에 3명 이상의 사람들을 함께 담는 샷을 말한다.

Avengers Infinity War / Anthony Russo 2018 그룹 샷

오버 숄더 샷 Over shoulder shot

보통 대화 씬에서 자주 보게 되는 오버 숄더 샷은 대화를 주고받는 사람의 어깨 뒤쪽을 화면에 일부 노출시켜서 상대방을 바라보는 시점을 인지할 수 있게 한다.

The Bucket List / Rob Reiner 2007 오버 숄더 샷

시점 샷 POV (Point of view) shot

등장인물의 시점으로 화면을 보여주는 샷을 말한다. 예를 들어 화면에 등장한 인물의 얼굴이 클로즈업되고 갑자기 들리는 소리에 오른쪽으로 휙 돌아본다. 다음 샷으로 카메라가 인물의 시점으로 정면을 보다가 오른쪽으로 패닝(Pan shot : 좌, 우로 움직이며 촬영하는 샷) 한다. 이렇게 연결된다면 시점 샷으로 촬영한 것이다. 다이내믹한 효과를 낼 수 있고 주인공의 시점을 시청자가 함께 경험할 수 있기 때문에 몰입감이 높아진다. 공포영화나 액션, 스릴러 등에서도 많이 쓰인다.

I Got U / Duke Dumont, music video

롱 테이크 샷 (시퀀스 샷) Long take shot

'1 scene 1 cut' 한 번 촬영으로 하나의 씬을 찍는다고 생각하면 된다. 롱 테이크란, 한 컷을 길게 촬영한다고 생각하면 된다. 중간에 컷의 연결 없이 샷 한 번으로 모든 정보를 담는다. 보통 카메라맨이 직접 따라가며 촬영하는 경우가 많다. 사전에 카메라 이동 동선과 배치, 장소에 대한 꼼꼼한 준비가 필요한 샷이다. NG가 나올 확률이 높기 때문에 완벽한 샷을 얻기 위해서는 많은 리허설이 필요하다. 영화 '올드보이 Oldboy 2003'의 복도 액션 씬을 참고해보자. 자칫 지루해질 수도 있지만 잘 활용하면 현실감을 극적으로 느낄 수 있다.

인서트 (리액션) 샷 Insert, Reaction shot

인서트는 샷과 샷 사이에 넣는 용도로 컷 어웨이라고도 부른다. 특히 편집에서 다양하게 활용할 수 있는 샷이다. 예를 들어 강의실에서 교수님이 열심히 설명하고 있다. 다음 컷에 학생 중 한 명이 집중해서 강의를 듣는 샷을 추가했다. 또 어떤 학생은 고개를 끄덕이며 노트에 메모를 한다. 다른 학생은 팔짱을 낀 채 멍한 시선을 보낸다. 이렇게 세 명의 인서트 샷을 활용하게 되면 편집이 매끄럽고 보는 사람들도 지루하지 않다. 교수님의 말이 길어진다면 짧게 압축할 수 있는 편집도 가능해진다. 콘티에 없더라도 촬영할 때 인서트 샷을 찍어보자. 다양한 인서트 샷은 편집할 때 도움이 된다.

인서트 샷 예시

활용도가 높은 샷들에 대해 알아보았다. 샷을 이해하면 다양하게 응용할 수 있다. 여러 번 다시 보면서 익숙해지자. 영화를 보면서 샷을 구분하는 연습을 해보자. 컷이 바뀔 때마다 샷을 관찰하다 보면 자연스럽게 공부가 된다. 샷에 대해 많이 알수록 콘티 작업을 할 때는 물론이고 스텝들과 소통할 때 유용하다.

하나의 장면을 찍기 위해서는 샷의 크기와 종류에 대해서 먼저 결정을 해야 한다. 그에 맞추어 카메라의 위치가 결정되고 조명을 설치하기 때문이다. 혼자 촬영을 하게 될 경우에도 마찬가지다. 샷에 대한 깊이 있는 이해는 촬영뿐만 아니라 편집에서도 큰 도움이 된다. 영상은 샷들이 모여서 만들어지기 때문이다. 후에 이야기할 영상 문법도 결국엔 샷들의 연결에 따른 것이다. 샷들이 모여서 하나의 씬 Scene 을 구성하고 씬들이 모이면 하나의 시퀀스 Sequence 가 된다. 시퀀스들이 모이면 영상, 영화가 만들어진다. 샷은 시작과 끝이 된다. 하나의 샷이 소중한 이유다.

15 씬과 시퀀스 Scene & Sequence

지금까지 하나의 샷이나 장면에 대해서 생각해 보았다면 이제부터는 폭넓게 접근해보자. 사진에서는 한 장으로 모든 것을 표현하지만 영상에서는 여러 장면이 합쳐져 하나가 되고 스토리를 구성한다. 따라서 한 장면씩 장면을 이어가는 능력이 필요하다. 장소와 시간, 사건에 대한 샷들이 모여 씬을 이루고 여러 씬들이 모여 하나의 시퀀스가 된다. 소설의 챕터라는 개념으로 생각하면 된다.

The Social Network / David Fincher 2010
대화 씬, 단일 컷

서로 마주 보고 앉아서 대화를 나누는 두 남녀가 있다. 두 사람의 모습이 전체적으로 나올 수 있게 미디엄 샷으로 촬영한다고 했을 때, 하나의 사이즈로 대화가 끝날 때까지 보여준다면 시청자가 지루해질 수 있다. 몰입도가 떨어지게 된다. 적당한 호흡으로 컷에 변화를 주면 생동감과 긴장을 형성하고 재미를 더할 수 있다. 그래서 다양한 사이즈의 샷과 앵글로 구성된 씬은 이야기에 흥미를 더하고 시청자의 몰입감을 높인다. 그뿐만 아니라 지루해질 수 있는 긴 대화 시간도 짧게 느껴지는 효과가 있다. 두 사람의 대화 씬이 3분 정도 된다고 가정했을 때 하나의 샷으로 지속되는 것과 다양한 샷의 연결로 이루어진 씬을 상상해보자. 어떻게 보여주는 것을 선택할 것인가?

The Social Network / David Fincher 2010
대화 씬, 다양한 컷

남녀의 대화 씬을 예로 들면 기본적으로 대화 씬 전체를 MS(미디엄 샷), 투 샷으로 1회 촬영한다. 이런 촬영을 마스터 샷 Master shot 이라 한다. 마스터 샷은 편집에서 생길 수 있는 여러 상황을 대비하기 위해 반드시 찍어야 한다. 그리고 남자의 BS(바스트 샷)을 1회 촬영한다. 여자의 BS(바스트 샷)도 1회 촬영한다. 그 외의 인서트 샷과 리액션 샷을 촬영한다. 이런 인서트 샷이나 리액션 샷을 컷 어웨이 Cut away 라고 한다. 나중에 편집을 위해서 필요한 샷 들이다. 이렇게 찍으면 시간은 좀 걸리겠지만 다양한 샷들을 보여줄 수 있게 된다. 큰 실수 없이 하나의 씬을 구성하는 샷들을 찍을 수 있다. 익숙해지면 전체 1회 마스터 샷을 촬영 후 다른 샷들을 분할하여 찍을 수 있게 된다. 카메라와 조명의 이동을 생각해서 먼저 찍어야 할 샷들과 나중에 찍을 샷을 구분하고 한 번에 몰아 찍을 수 있게 되면 그만큼 촬영 시간도 단축되고 편리하다. 하지만 숙련된 배우들이 아니라면 시간이 다소 걸리더라도 흐름에 맞게 촬영하는 것을 추천한다. 영상의 완성도를 생각한다면 배우들의 연기가 중요하다. 특히 감정이입이 많이 필요한 씬이라면 시간의 흐름을 깨지 않고 촬영하는 것이 좋다. 배우들의 몰입도에 영향을 주기 때문이다.

잠시 촬영 이야기를 했다. 후에 다시 이야기하도록 하자. 대본을 화면에 맞게 구상하면서 쪼개는 작업을 해보자. 이제는 어렵지 않게 느껴질 것이다. 씬별로 하나씩 촬영할 영상들을 머릿속에 그려보며 콘티에 옮겨 본다. 씬이 모여서 시퀀스가 되고, 시퀀스가 모여 하나의 작품이 된다. 콘티 작업을 하면서 머릿속의 생각들을 정리하고 정확하게 표현할 수 있다. 이미 머릿속엔 작은 카메라가 돌아가고 있는 셈이다.

16 영상에도 문법이 있다.

외국어를 처음 배울 때 문법을 모르더라도 어느 정도 의사소통은 가능하다. 하지만 자신의 주장을 설득력 있게 전달하고 깊이 있는 대화를 나누려면 문장구조에 대해 이해하고 계속 말해봐야 한다. 영상도 마찬가지로 문법이 있다. 샷들의 연결 속에 숨어있는 영상의 문법에 대해서 알고 나면 무심코 보았던 영상들이 새롭게 다가온다. 감독의 숨겨진 의도를 읽어낼 수도 있다. 또한 다음 스토리의 예측도 가능해진다. 다양한 영상 문법을 이해하고 깊이 있는 샷의 연결과 흐름을 만들어보자. 어떻게 하면 가장 효과적으로 메시지를 전할 수 있을지에 대해서도 고민해 보자. 영상 문법을 이해하면 영화를 비롯한 다양한 영상을 더 즐겁게 볼 수 있다.

사람의 의식세계는 복잡하다. 하지만 영상을 통해서 의식하는 것은 오히려 단순하다고 할 수 있다. 영상에서는 보이는 정보들만 인식할 수 있기 때문이다. 영상 문법은 이 점을 적극적으로 활용한다. 영상 문법을 잘 이해하기 위해서 한 편의 영화를 여러 번 보는 방법을 추천한다. 좋아하는 영화를 골라서 자세하게 다시 보자. 스토리만 보는 것이 아니라 영화를 쪼개서 관찰해보자. 샷들이 쪼개져서 보이고 변화와 흐름이 보인다. 샷이 바뀔 때마다 어떤 일들이 전개되는지, 카메라의 움직임은 어떤지, 배우들의 동선은 어떻게 되는지, 이런 세세한 것들이 영화를 구성하고 스토리를 만들어 간다는 사실을 인지한다. 전에는 보이지 않았는데 눈에 띄게 된다. 이제는 단순한 시청자가 아닌 제작자의 눈이 되었기 때문이다. 영화를 보는 재미는 반감될지도 모르겠다. 스토리에만 푹 빠져서 보는 것이 아니라 여러 가지가 눈에 들어오기 때문이다. 반대로 더 재미를 느낄 수도 있다. 그전에는 무심코 지나쳤던 장면들도 자연스럽게 이해가 된다. 가장 즐거운 것은 감독의 숨겨진 의도를 발견할 때의 기쁨이다. 새로운 시선으로 그런 기쁨을 발견해 보면 좋겠다.

컷 Cut의 연결

영상 문법의 가장 기초라고 할 수 있는 컷이다. 컷을 간단하게 이해하려면 샷과 샷이 이어지는 개념으로 보면 된다. 앞부분에 이어서 나올 다음 샷에 대한 연결이 그 흐름을 만들게 되고 스토리를 이어가게 된다. 하지만 어떤 샷이 서로 연결되는가에 따라서 영상은 천차만별의 스토리를 갖게 된다. 컷 연결은 모든 편집의 기본이 된다. 다만 앞, 뒤 컷의 길이와 호흡, 행동의 연결성, 인물의 시선이나 움직임의 방향에 따라서 컷의 느낌이 달라지고 뜻이 달라진다. 편집자에 따라서 영상의 느낌이 달라질 수밖에 없는 이유다. 주관적인 편집자의 생각이 함께 하기 때문이다. 좀 더 자세한 이야기는 후반의 편집 부분에서 이어가도록 하자.

영화의 초창기에는 이렇게 편집을 했다. Cut editing

페이드 인/아웃 Fade in/out

영화가 시작될 때 검은 화면에서 서서히 밝아지는 장면을 기억해 보자. 바로 이 부분이 페이드 인이다. 페이드 인은 길이에 따라서 달라지지만 주로 기대감, 기다림, 은근함, 설렘 같은 느낌이 든다. 페이드 인 되면서 배경음악이 시작되면 영화에 대한 기대치가 올라간다. 감독의 의도에 따라 천천히 현실에서 스크린 속으로 빠져든다. 우리는 영화 속에서 머물다가 마지막 엔딩 장면이 서서히 블랙 화면으로 마무리되면 현실로 돌아온다. 이 부분이 페이드 아웃이다. 페이드 아웃은 끝, 마무리, 엔딩의 느낌이 강하다. 간단하지만 영상 문법으로 가장 많이 쓰이는 방법이다.

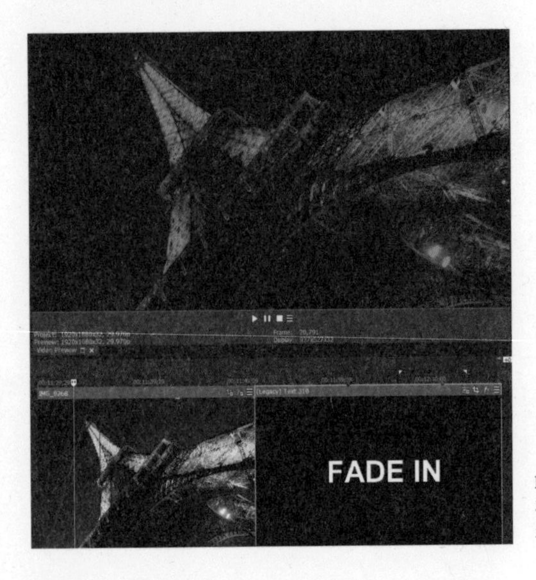

Fade in
검정 화면에 에펠 타워가 천천히 모습을 드러낸다.

디졸브 Dissolve

디졸브는 영상의 흐름을 부드럽게 한다. 시간의 흐름을 나타내거나 장소의 이동을 보여줄 때도 자연스럽게 쓰인다. 인물의 심리상태나 몽환적인 느낌도 표현한다. 촬영을 할 때 디졸브를 생각하는 샷이 있다면 앞뒤로 여유 있게 촬영하자. 디졸브의 길이에 따라 다르겠지만 샷에 여유가 있어야 자연스러운 디졸브가 가능하다. 너무 잦은 디졸브 사용은 느낌이 반감되고 뜻이 흐려진다. 감독이 의도하는 경우에만 적절하게 표현한다면 좋은 효과를 기대할 수 있다. 누군가는 마법의 연결이라는 말을 하기도 했다. 디졸브로 샷 연결을 하게 되면 끊을 수가 없단다. 하지만 모든 샷이 디졸브로 연결되면 쉽게 지루해진다. 노래방 배경화면을 생각해 보자.

Dissolve
아이가 있는 화면에서
커플의 화면으로
부드럽게 교차된다.

화면 전환 Transition

샷과 샷을 연결하는 데는 트랜지션 Transition 이나 와이프 Wipe 를 활용할 수도 있다. 때에 따라서는 재미를 더하기도 하고 호기심을 자극할 수도 있다. 특히 코미디나 시트콤, 드라마에서 많이 쓰인다. 편집했다는 느낌이 확실한 샷 연결이다. 화면 전환의 모양, 방향, 색깔에 따라서 다채롭게 가능하다. 적절히 사용할 경우에 전달하려는 의미를 잘 표현할 수 있지만 과도한 사용은 조심해야 한다. 영상이 가벼워지고 유치해질 수 있다. 트랜지션과 와이프의 효과는 편집 툴에서 다양하게 적용할 수 있다. 직접 살펴보면서 적용해보고 그 느낌을 기억하면 좋겠다.

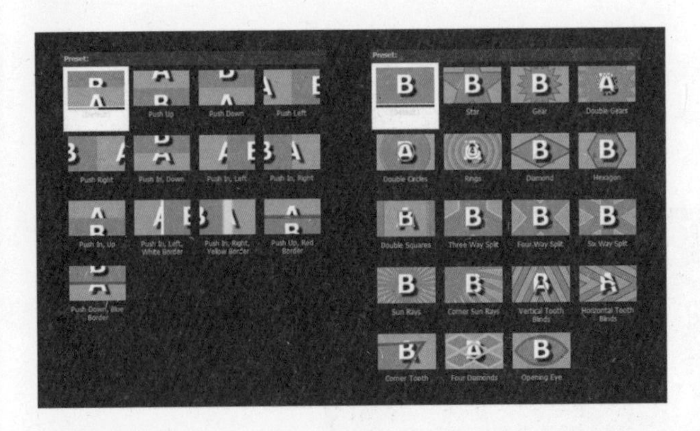

줌, 달리 Zoom in/out & Dolly in/out

줌 인이나 달리 인으로 표현한다는 것은 집중의 의미다. 인물이 무엇인가 열심히 설명하는 장면을 상상해보자. 화면은 천천히 줌 인이 되고 있다. 나도 모르게 그 사람이 이야기하는 것에 집중하게 된다. 화면이 자연스럽게 인물에게 집중되기 때문이다. 달리 인도 마찬가지다. 카메라가 점점 인물에게 가까이 다가가면 보는 사람도 물리적으로 가까워짐을 느낀다. 그 사람에게 다가간다는 것은 집중한다는 의미다. 반대로 줌 아웃이나 달리 아웃이 된다면 그 인물에게서 벗어나거나 멀어지고 싶다는 뜻이 될 것이다. 앞에서 열심히 이야기를 해도 카메라는 점점 멀어져 간다면 시청자의 마음도 멀어진다. 영상 문법에서 줌과 달리는 직접적으로 시청자를 의도하는 방법이다. 줌과 달리는 속도에 따라 느낌이 달라진다. 원하는 그 느낌을 표현해보자.

서스펜스, 스릴 Suspense & Thrill

여름이 되면 극장가에 공포물과 스릴러 영화들이 자주 등장한다. 왜 그럴까? 왜 여름에 이런 영화들이 주로 개봉하는 걸까? 우리는 공포나 스릴을 느낄 때 오싹한 기분을 경험하게 된다. 뒷덜미가 싸한 느낌이 서늘하게 느껴지기 때문에 이런 영화의 개봉 시기를 계절에 맞추었을 것이다. 하지만 의도된 영상의 문법을 알고 본다면 남들이 놀랄 때도 덤덤할 수 있다. 이제 뭔가 사건이 터질 때가 되었다는 것을 미리 예측할 수도 있다. 의도된 암시들이 있기 때문이다. 서스펜스와 긴장감을 유지하고 고조시키기 위해서 점점 편집 컷이 빨라진다. 긴장되고 위태로운 상황을 롱 테이크로 찍은 마스터 샷을 보면 별다른 감흥이 느껴지지 않는다. 같은 스토리도 샷을 어떻게 연결하는지에 따라 느낌이 달라진다.

Woman Sleeping / Ivan Oboleninov

함께 상상해보자. 늦은 밤 침대에서 평온하게 잠든 여자가 화면에 보인다. 그때 누군가의 시점 샷 POV으로 집 밖의 현관문을 살피는 화면이 연결된다. 다시 잠든 여자의 평온한 얼굴이 클로즈업 CU 된다. 문고리만 보이는 화면에 검은 손이 프레임인 된다. 다시 잠든 여자의 풀 샷이다. 시점 샷으로 살짝 열린 문틈으로 방안을 바라본다. 여자는 깊이 잠들었다. 이런 장면들이 점차 빠르게 교차 편집되면서 서스펜스와 스릴을 자아낸다. 게다가 음향효과가 긴장과 몰입감을 높인다. 관객들은 감독이 의도하는 길로 빠져든다. 아무것도 모른 채 자고 있는 여자에게 감정 이입이 된다. 여자에게 위급함을 전하고 싶다. 하지만 그 위급함을 알려줄 수 없다는 현실에 관객들은 안타까운 마음이다. 사람들의 심리를 잘 파악하면 영상 연출에 큰 도움이 된다. 원하는 방향으로 관객을 끌고 갈 수 있다. 잠자고 있는 여인과 침입자의 대립된 관계성을 교차하면서 보여주기 때문에 느낌은 배가 된다. 긴장이 고조되는 상황에서 갑자기 사건이 발생하면 심리적 충격이 발생한다. 관객과 심리적 감정의 밀당도 재미의 요소가 될 수 있다.

메타포 Metaphor

영상을 은유적인 방법으로 표현하는 것을 말한다. 직접적인 스토리의 전개가 아닌 전혀 다른 형태의 샷을 연결함으로써 앞부분의 숨겨진 의미를 파악하게 한다. 메타포는 인간의 상상력이 있기 때문에 가능하다. 대놓고 드러내는 것보다 묘하게 숨겨진 의미들을 깨닫게 되면 더욱 깊이 있게 다가온다. 이것을 잘 이용한다면 깊이가 더해진 영상을 제작할 수 있다. 흥미 위주의 시선을 사로잡는 영화보다는 유럽식의 예술영화에서 더 많은 예를 찾아볼 수 있다.

예를 들어 두 남녀가 서로 바라보고 있는 샷 다음에 와인 두 잔이 놓인 테이블 샷을 연결했다. 어떤 의미일까? 앞의 두 남녀는 어떤 사이인지 아무 정보도 없지만 뒤에 오는 와인으로 두 사람의 관계에 대해 상상하게 된다. 다음 상황을 기대하게 된다. 은유로 숨겨진 의미를 더하는 것이 메타포라 할 수 있다. 함축된 의미를 생각하면서 영상을 제작한다면 더 이상 1차원적인 영상이 아니다. 숨겨진 의미가 담겨있는 주관적인 시점의 다차원적 영상이 된다. 메타포를 강조하는 이유는 좀 더 많은 사람들이 이 부분에 대한 고민을 했으면 하는 바람이 있기 때문이다. 메타포를 통해 숨겨진 의미를 표현해보자.

감독의 의도

스토리가 재미있고 흥미로우면 영화도 재미있을까? 늘 그렇지는 않다. 소설로는 흥미롭게 읽었던 기억이 있는데 영화로 보면 재미가 반감되는 경우가 자주 있다. 사람들은 기대 심리가 있는데 그만큼 만족스럽지 않으면 심리적 박탈감이 커진다. 영상으로 표현된 장면이 상상에 미치지 못할 때 실망하게 된다. 인기 있던 소설을 영화로 제작하는 감독의 부담감이 큰 이유다.

호기심을 유발하고 영상에 집중할 수 있도록 하려면 어떻게 해야 하는가? 이런 고민들이 녹아 있는 영상은 눈에 띈다. 감독의 생각이 살아있음을 느낄 수 있다. 예를 들어 금연에 대한 확고한 마음이 있는 감독이라면 제작되는 영상의 스토리에 금연을 암시하는 장면을 넣을 수도 있다. 영화 <데블스 애드버킷>의 주인공(키아누 리브스)은 담배로 폐암에 걸려 시한부 인생을 산다. 영화에는 담배의 클로즈업 화면이 자주 등장한다. 마지막 장면에서는 주인공이 담배 대신 껌을 씹는 것으로 마무리된다. 자신의 생각을 영상으로 표현한다는 것은 멋진 일이다. 그런 의미에서 감독의 색이 잘 드러나는 영화를 보면 보물을 찾은 기분이다. 영화를 보는 동안 감독의 머릿속을 함께 여행하는 경험을 하게 된다.

몇 가지 영상 문법에 대해서 살펴보았다. 하지만 여기서 머무르지 말고 자신만의 개성 있는 표현을 고민해 보자. 작가들은 자신만의 문체를 찾기 위해 노력하고 화가들도 자신만의 화법을 연구한다. 개성이 잘 드러나는 영상들이 많아지길 기대해본다.

17 콘티 Continuity II

다시 콘티를 이야기할 수 있게 되었다. 샷과 연결, 영상 문법에 대해서도 알게 되었기에 대본을 보면 대략적인 그림이 그려진다. 어떻게 하면 보는 이의 관심과 집중을 유도할 수 있을지에 대해서도 고민해 보자. 콘티를 어떻게 만들지에 대해서 막막했던 마음이 풀렸을 것이라 생각된다.

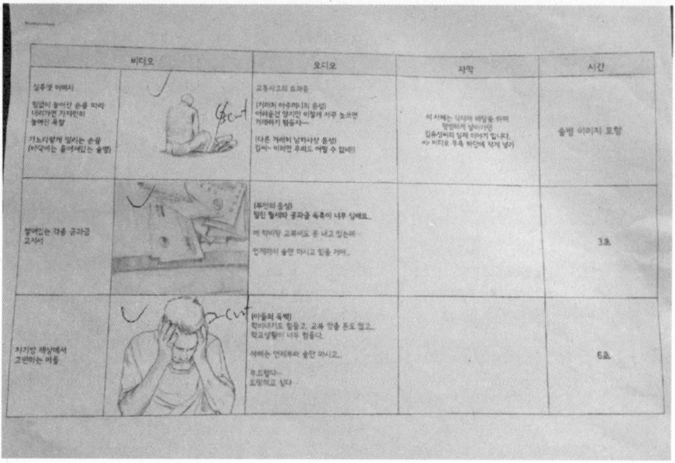

비디오		오디오	자막	시간
	구직 활동 하는 장면	생계비를 지원받아 급한 불을 끄고 나니 다시 시작할 수 있는 의지가 생겼습니다. 보건소에서 하는 단주 프로그램으로 술도 끊고, 취업교육도 받았죠.	지속적으로 살펴주며	
		몇 번의 면접 끝에 드디어 미화원으로 취업도 했습니다.		
일기장면 (일기장면을 통해 [illegible] 부분을 표현)		(아들의 독백) 학교를 나올때는 암담하기만 했는데.. 검정고시에 합격하고 나도 곧 대학생이 된다. 이게 다 항상 옆에서 응원해준 복지관 선생님들과, 공부할 수 있도록 도와준 이웃들 덕분이다.	부족한 곳은 지역사회와 함께 곳곳이 채워주는	5초

비디오		오디오	자막	시간
실루엣 이미지 힘없이 놓여진 손을 따라 내려가면 가지런히 놓여진 목발 가느다랗게 떨리는 손등 (바닥에는 흩어져있는 술병)		교통사고의 효과음 (거래처 아주머니의 음성) 어려운건 알지만 이렇게 자꾸 늦으면 거래하기 힘들지… (다른 거래처 남자사장 음성) 김씨~ 이러면 우리도 어쩔 수 없네!	이 사례는 [illegible] 바탕을 하여 [illegible] 김유성씨의 실제 이야기 입니다. => 비디오 우측 하단에 작게 넣기	술병 이미지 포함
쌓여있는 각종 공과금 고지서		(부인의 음성) 밀린 월세와 공과금 독촉이 너무 심해요.. 애 학비랑 교복비도 못 내고 있는데… 언제까지 술만 마시고 있을 거야..		3초
자기방 책상에서 고민하는 아들		(아들의 독백) 학비내기도 힘들고, 교복 맞출 돈도 없고, 학교생활이 너무 힘들다. 아빠는 언제부터 술만 마시고.. 부끄럽다.. 도망치고 싶다..		6초

비디오		오디오	자막	영상표현
술잔 너머로 일그러진 아버지의 모습		힘 빠져 곤 앉는 효과음 "학교를 그만두면 어떻게 하니" (아들) 아빠 같으면 학교 다니고 싶겠어요? 이게 다 아빠 탓이에요	생활고에 가족관계 마저 깨져버린 우리 가정 이제 삶의 희망이 없다…	4초
초인종소리와 함께 약간의 표정의 변화를 보이는 아버지 (눈 클로즈업)		김선생님.. 행정복지센터에서 나온 복지공무원 이정숙입니다.	이웃 주민의 연락으로 먼저 찾아와준 복지 공무원	2초
지역주민과 전문가 참여 회의 (사례회의) 간호사, 복지공무원, 이장, 변호사, 종합사회복지관, 고용센터 회의장면		(회의 현장멘트) 간호사: 김선생님은 우선 잦은 음주문제 해결을 위해 전문가와 상담후회 … 변호사: 사업상 채무 및 독촉문제를 해결할 수 있는 방안은 … 복지공무원: 밀린 월세와 공과금은 위기가정지원사업으로 해결할 … 고용센터: 가정의 조속한 안정을 위해 김 선생님의 구직문제 … (짤막한 전문가 현장음 삽입)	필요한 복지서비스를 먼저 찾아 챙겨주고	5.5초

비디오		오디오	자막	시간
창가 화분에 피어나는 새싹		(지속적인 모니터링) 복지공무원 입니다. 몸은 어떠세요? 술은 이제 안 드시죠? 아드님도 대학생활이 즐겁다고 하더라구요~		3초
행복한 모습 새 사람[illegible] 아들, 아버지 뒷모습			희망의 시작 따뜻한 친구 (캘리그라피)	그림 수정 (가족 그림으로 대체)
	읍면동 복지허브화 행정자치부 보건복지부	여러분 가까운 곳 읍면동이 복지허브로 확 달라집니다.		1.5초 (생애주기별 맞춤형 복지 로고 추가)

콘티의 예시

예시를 참고하면서 자신의 콘티를 만들어보자. 물론 그림 실력이 좋으면 유용하겠지만 엉성해도 괜찮다. 사람의 앞, 뒤만 구분 지을 정도면 생각을 표현하기에는 충분하다. 다양한 콘티 작업을 하면서 머릿속으로 촬영을 진행해 본다. 콘티 작업은 지겨운 일이 아니다. 이미지메이킹을 하면서 실제 촬영을 리허설하는 과정이다. 샷의 흐름을 어떻게 이어가면 좋을지, 이 장면에서 인물의 심리를 표현하기 위해서는 어떤 샷이 좋을지, 카메라의 움직임은 어떻게 하는 것이 효과적일지에 대해서 생각해 보자. 촬영만 하는 것이 아니라 종합 예술을 위한 작업의 일부다. 촬영과는 다르게 콘티는 얼마든지 다시 그리고 바꾸며 마음대로 수정할 수가 있다. 다양한 방법으로 접근해보고 나만의 독특한 영상 문법을 만들어보자. 이 시간은 충분히 즐길 가치가 있다.

실제 촬영 장소를 확인하는 것도 잊지 말자. 콘티 작업을 하다 보면 상상만으로는 부족할 수 있다. 원하는 장소를 찾고 그에 맞는 촬영을 준비해야 할 시간이다. 장소 섭외와 콘티 작업을 병행하며 실제 촬영을 위한 고민을 해보자. 장소의 사진만 보고 콘티를 구성하게 되면 실제 촬영장에서 예상하지 못했던 변경 사항이 많아지므로 가능한 리스크를 줄이는 것이 정신 건강에 좋다. 조명을 위한 전압, 카메라 앵글을 위한 공간의 층고와 넓이, 이동 방법과 날씨도 미리 확인하자.

18 촬영 Shooting

드디어 기다려온 촬영 시간이 되었다. 영상 수업을 할 때 학생들은 언제 촬영할 수 있냐고 자주 물었다. 경험에 비추어 보니 영상 제작은 곧 촬영이라고 생각하는 분들이 많았다. 맞는 말이기도 하지만 촬영은 영상 제작 과정의 일부분이다. 중요한 과정이지만 영상 제작이라는 큰 틀 안에 속한다. 앞서 알아본 프리 프로덕션 과정이 자연스럽게 이어져야 촬영도 매끄럽게 진행할 수 있다. 촬영은 영상 콘텐츠의 소스를 직접 얻는 단계로써 눈에 보이는 결과를 만들어가는 과정이다. 이 소스가 없으면 콘텐츠를 완성할 수 없기 때문에 매우 중요하다. 이 중요한 촬영을 잘 해내기 위해서는 몇 가지 알아야 할 점들이 있다. 먼저 우리의 눈을 대신해서 영상을 기록해 주는 카메라에 대해 알아보자.

카메라 Camera

카메라는 영상을 촬영하는데 가장 중요한 장비라고 할 수 있다. 다른 것은 없더라도 카메라만은 있어야 영상을 녹화할 수 있다. 요즘에는 촬영 성능이 좋아진 스마트폰이 카메라 역할을 하기도 한다. 하지만 전문적인 영상 제작을 위해서 카메라 장비가 있다면 더 좋다. 비디오카메라뿐만 아니라 DSLR 사진 카메라까지 영상 제작에 활용할 수 있다. 특히 DSLR 카메라는 다양한 렌즈에 따라 색다른 영상미를 추구할 수 있고, 비디오카메라에 비해 가격도 저렴한 편이기 때문에 많은 분들이 선호한다. 여기서 카메라 장비에 대한 세세한 설명은 필요 없다고 생각한다. 인터넷 검색으로 여러 후기를 볼 수 있고 카메라에 대한 자료들은 쉽게 구할 수 있다. 장비에 대한 설명은 개인의 능력에 맡기고 지금은 카메라의 기능적 역할에 대해 알아보자.

렌즈 Lens

렌즈는 인간의 눈과 같은 역할을 한다. 렌즈와 카메라의 원리에 대해서 공부를 하면 인간의 눈이 얼마나 경이롭고 성능이 좋은 렌즈인지 새삼 깨닫게 된다. 우리의 눈은 가까이 있는 사물을 보다가 멀리 있는 산을 봐도 즉시 포커스를 잡고 볼 수 있다. 색의 감별과 빛의 민감성에서도 우위를 차지한다. 하지만 카메라는 그렇게 반응이 빠르지 못하다. 그에 맞는 렌즈로 바꿔야 한다. 복합적인 기능면에서 인간의 눈을 따라오는 센서와 렌즈는 아직 없다.

DSLR이 보편화되면서 여러 종류의 렌즈를 활용하게 되었다. 렌즈의 윗부분에 표기되어 있는 숫자들은 초점거리와 조리개 수치다. 이 숫자들로 렌즈의 종류를 구별한다. 가장 기본이 되는 렌즈는 초점거리가 50mm인 표준 렌즈다. 초점거리란 쉽게 말하자면 렌즈에서 카메라에 상이 맺히는 부분(이미지 센서)까지의 거리를 말한다. 초점거리가 50mm 이하는 광각렌즈, 반대로 50mm 이상부터는 망원렌즈라고 한다. 초점거리에 따라서 화각도 달라진다.

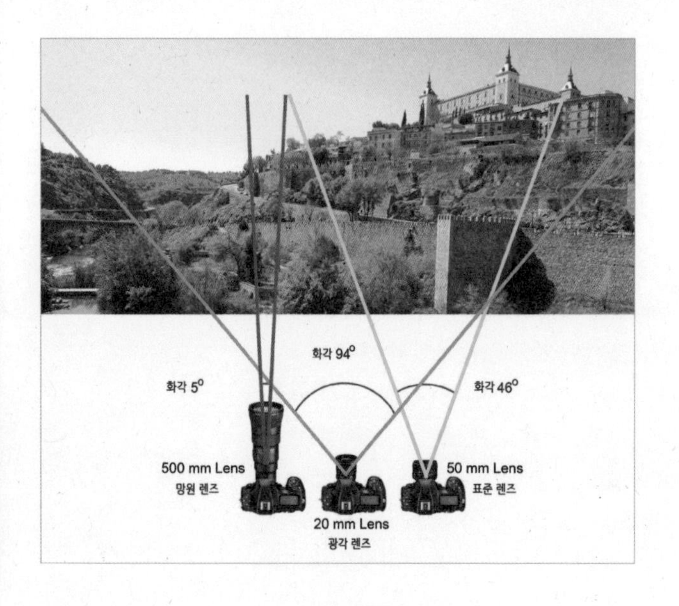

목적에 따른 다양한 렌즈들이 존재한다. 브랜드마다 렌즈의 특성이 다르고 느낌도 차이가 난다. 하나의 렌즈로 다양한 화각을 표현할 수 있는 줌렌즈도 있다. 여러 렌즈를 경험해보고 자신만의 렌즈와 카메라를 직접 구매하는 것도 좋은 방법이다. 처음부터 장비를 구매하지 말고 대여점을 이용해보자. 블로그나 잡지에서 소개하는 리뷰도 참고해서 여러 기종과 렌즈를 접하다 보면 본인에게 맞는 것을 찾을 수 있다.

심도 Depth of field

인물이나 피사체에 초점을 맞추면 그 주변은 뿌옇게 포커스 아웃이 된다. 심도에 따른 현상이다. 심도가 깊고 얕음에 따라서 포커스를 맞춘 피사체가 더욱 강조되어 보이기도 하고 배경과 하나가 되어 보이기도 한다.

렌즈별 심도 변화

70mm

135mm

200mm

조리개에 따른 심도 변화

F 2.4

F 8

F 16

심도에 대한 이야기를 할 때 깊고 얕음, 깊고 낮음에 대한 표현을 많이 쓴다. 쉽게 이야기하면 사진을 찍었을 때 포커스를 맞춘 부분 이외에 다른 배경이 뿌옇게 되는 것을 심도가 얕다고 혹은 낮다고 표현한다. 반대로 배경과 인물이 모두 뚜렷하면 심도가 깊다고 한다. 인물을 포함해 배경까지 포커스의 범위가 깊다고 생각하면 쉽게 기억할 수 있다.

심도는 초점거리와 조리개에 따라서 조절할 수 있

다. 먼저 초점거리는 렌즈의 종류에 따라 달라진다. 광각렌즈를 사용할수록 인물과 배경의 포커스가 모두 뚜렷하게 심도가 깊어진다. 반대로 망원렌즈로 갈수록 심도가 얕아진다. 그리고 조리개를 많이 열수록, 즉 빛이 많아질수록 심도는 얕게, 조리개를 조일수록 심도가 깊게 표현된다. 테스트 촬영을 하면서 자신이 원하는 심도로 표현해보자. 글로 읽으면 어렵게 느껴질 수 있지만 직접 해보면 바로 이해할 수 있다.

(조리개 수치: 숫자가 작을수록 빛을 많이 받아들인다. 빛의 양은 F 1.8 > 4.5 > 22 순이다.)

포커스 Focus

카메라는 인공지능이 아니다 보니 우리가 생각하는 것을 그대로 촬영할 수는 없다. 인간의 눈은 원하는 것을 바라보는 순간 포커스를 잡게 된다. 경이롭고 놀라운 일이다. 하지만 카메라는 자동 포커스 기능이 있더라도 혼란스러운 경우가 생긴다. 그러니 촬영을 시작하기 전에 포커스를 확인하자. 포커스가 정확하지 않은 촬영 소스는 이후 편집 과정에서 활용할 수가 없다. 편집자의 능력이 뛰어나도 극복하기 어렵다.

요즘에는 4K 촬영을 주로 하기 때문에 포커스는 더욱 중요하다. 큰 화면으로 볼수록 포커스가 맞지 않는 장면은 눈에 띈다. 자동 포커스와 수동 포커스, 둘 중 하나가 답은 아니다. 때로는 카메라의 자동 포커스 기능이 수동으로 맞추는 것보다 훌륭할 때도 많다. 피사체의 이동속도가 빠를 때, 우리의 손과 눈이 따라가기 힘들다. 이럴 때는 자동 포커스 기능이 도움을 준다. 하지만 어두운 장소에서 인터뷰를 할 때, 약간의 움직임이 있는 피사체를 따라갈 때, 포커스 인-아웃을 조절하고 싶을 때는 수동 포커스를 이용해보자.

노출 Exposure

촬영할 때 가장 신경 써야 하는 것이 무엇이냐고 묻는다면 포커스와 노출이라고 답한다. 이 두 가지가 제대로 적용된 촬영 소스가 아니면 후반작업을 진행하기가 힘들기 때문이다. 카메라는 하나의 장면에 가장 밝은 부분과 가장 어두운 부분을 함께 녹화하게 된다. 하지만 인간의 눈으로 보는 것보다 밝고 어두움의 차이를 인지하는 능력이 떨어진다. 눈으로 볼 때는 검정 테이블에도 밝고 어두운 부분이 있음을 인지할 수 있다. 흰색 벽에도 더 밝거나 어두운 부분이 있음을 우리 눈은 구분할 수 있다. 이 두 가지가 섞여 있더라도 우리는 가장 어두운 부분부터 가장 밝은 부분까지 인지할 수 있다. 하지만 카메라는 이 능력이 떨어진다. 그래서 카메라가 인지할 수 있는 능력치 안에서 적절하게 노출을 조절해야 한다. 화면에 담을 가장 밝은 부분과 가장 어두운 부분까지 잘 표현이 되도록 녹화하는 것이 중요하다.

① 조리개와 셔터스피드 Aperture & Shutter speed

노출을 정확하게 조절하기 위해서는 조리개와 셔터스피드에 대해 알아야 한다. 조리개는 렌즈를 통해서 센서에 받아들이는 빛의 양을 조절한다. 렌즈의 앞부분이나 위쪽을 자세히 보면 작은 숫자들이 쓰여있다. 렌즈의 초점거리와 조리개 수치를 나타낸다. 예를 들어 50mm F1.8 - 4로 표기되어 있다면 50mm 초점거리를 가진 최대 조리개 값이 1.8, 최소 조리개 값이 4인 렌즈다. 최대 조리개 값은 낮을수록 빛을 많이 받아들일 수 있다. 적은 빛으로 어두운 곳에서도 촬영이 가능하니 수치가 낮을수록 밝고 좋은 렌즈라 할 수 있다. 노출은 조리개와 셔터스피드로 상황에 맞춰 조절이 가능하다. 어떤 결과물을 원하는지에 따라서, 피사체의 움직이는 속도에 따라서, 주변의 환경에 따라서 다양하게 적용하여 활용할 수 있다.

셔터 스피드란 사진을 찍을 때, 셔터를 누르는 순간 센서에 빛이 들어오는 시간의 길이를 말한다. 조리개와 셔터스피드는 빛의 양을 조절한다는 점에서 역할이 비슷하다. 하지만 같은 노출이라도 조리개와 셔터스피드를 어떻게 조절하느냐에 따라서 결과는 다르다. 조리개를 좀 더 열고 셔터스피드를 빠르게 조절할 수도 있고, 반대로 조리개를 최대로 닫고 셔터스피드를 늘리는 수도 있다. 다양하게 시도해보고 실제로 경험해보면 미묘한 차이를 느낄 수 있다.

② 감도 ISO (International Organization for Standardization)

빛은 영상 촬영에서 반드시 필요한 요소다. 자연광으로 충분하지 않은 경우에는 조명을 써서 부족한 빛을 채워야 한다. 조명을 이해하기에 앞서 카메라의 ISO에 대한 이해가 필요하다. 카메라는 감도를 조절할 수 있는 ISO 기능이 있다. ISO는 국제 표준화 기구의 약자로 ISO 감도는 이곳에서 정한 일반 촬영용 필름 감도를 말한다. ISO를 상황에 맞게 조절하면 어두운 곳에서도 적절한 노출을 얻을 수 있다.

ISO는 필름 카메라의 감도에서 유래한 기능이다. 필름의 종류에 따라서 감광성이 다르다. 빛에 민감한 고감도 필름을 사용하게 되면 그만큼 적은 빛으로도 촬영이 가능하다. 하지만 고감도 필름은 함께 발생하는 노이즈도 증가하기 때문에 무조건 고감도 필름이 좋은 것은 아니다. 디지털카메라의 ISO는 수치가 높아질수록 고감도로 표시된다. 어두울수록 ISO 수치를 높이면 카메라는 빛에 민감 해진다. 따라서 어두운 곳에서 추가적인 조명이 없어도 촬영이 가능하다. 하지만 필름과 마찬가지로 ISO를 올리면 노이즈도 함께 올라간다. 노이즈와 빛의 타협점을 정해야 한다. 어두운 곳에서는 아무리 고감도 촬영을 한다고 해도 좋은 결과를 얻기 힘들다. 추가적으로 조명이 필요한 이유다.

③ 적정 노출

적정 노출이란 화면의 가장 밝은 부분과 가장 어두운 부분까지 컬러 값이 잘 표현됨을 말한다. 지나치게 어둡거나 밝은 부분은 컬러 값의 스펙트럼을 넘어간다. 컬러 값이 넘어가면 일정 값 이상의 밝은 부분은 모두 흰색이 되고 일정 값 이하의 어두운 부분은 모두 검은색으로 찍힌다. 예상했던 화면과는 다른 결과를 얻게 된다. 1990년대에 한참 유행하던 뮤직비디오를 보면 일명 '뽀샤시' 효과가 많이 등장한다. 일부러 밝은 부분을 오버 노출로 빛이 넘치게 만든다. 이렇게 촬영하면 인물의 피부에서 빛이 난다. 물론 편집에서도 가능한 효과지만 촬영 단계에서 적정 노출값보다 단계를 높여서 촬영을 하면

'뽀샤시'한 영상을 얻을 수 있다. 하지만 엄밀하게 말하면 잘못된 촬영법이다. 특별히 의도된 것이 아니라면 피해야 한다. 적정 노출이 아닌 과 노출로 촬영된 소스는 보정하는 데 한계가 있다. 카메라에서 담아낼 수 있는 정보 값을 넘어선 단계이기 때문이다. 최대 밝기로 설정된 단계를 넘어섰기 때문에 그 부분에 담긴 컬러 값을 인지할 수 없다. 이렇게 카메라에는 맹점이 있음을 인지하고 촬영하자. 적정 노출을 생각하면서 다양하게 촬영해보면 쉽게 이해할 수 있다.

화이트 밸런스와 색온도 White balance & Kalvin

카메라와 우리 눈의 차이점에 대해서 한 가지 더 이야기해보자면 카메라는 절대적인 색상을 구분하지 못한다는 점이다. 우리는 흰색이 어떤 색인지 알고 있다. 예를 들어 우리는 흰색 수건이 노란색 조명 아래에 있더라도 흰색이라는 것을 알고 있다. 흰색 자체가 가지고 있는 절대적인 색을 알고 있기 때문이다. 하지만 카메라는 그렇지 않다. 보이는 그대로 색을 인지한다. 따라서 흰색 수건이 노란색 조명 아래에 있으면 카메라는 노란색으로 인식하게 된다. 그래서 매번 촬영하기 전에는 장소와 조명에 맞게 카메라가 색을 제대로 인지할 수 있도록 화이트 밸런스 세팅을 해야 한다.

해 질 녘의 하늘을 보면 붉게 물든 노을에 세상도 붉게 보인다. 형광등 아래서는 차가운 느낌의 빛이 감돌고 백열전구는 따뜻한 느낌이 든다. 광원에 따라서 빛의 색이 다르게 느껴지는 것을 색온도라 한다. 이런 현상을 발견한 캘빈 Kalvin 경의 이름 앞 글자를 따서 5600K, 4000K 등으로 표기한다. 색온도를 알고 있으면 유용하게 카메라의 세팅을 맞출 수 있다. 기본적으로 카메라에 몇 가지의 색온도 값이 설정되어 있기 때문에 다이얼을 돌려 맞추기만 해도 된다.

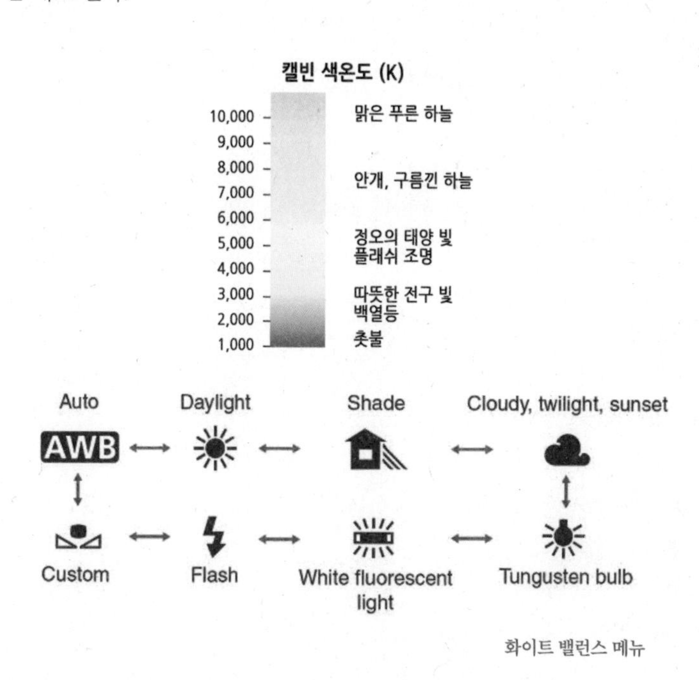

화이트 밸런스 메뉴

사용자 설정으로 화이트 밸런스를 맞추려면 카메라의 화면에 흰색이 꽉 차게(흰색 종이나 벽을 활용) 잡은 후 화이트밸런스 버튼을 눌러주면 세팅이 된다. 촬영 장소가 바뀔 때마다 이렇게 컬러 세팅 작업을 하면 일정한 컬러 값으로 촬영할 수 있다. 영상의 톤을 어떻게 잡는지는 중요하다. 개인마다 선호하는 느낌도 다르다. 하지만 너무 강해서 색 느낌이 튀면 작품의 완성도가 떨어질 수 있다. 장소를 이동할 때마다 컬러 세팅을 잊지 말자. 간혹 야외에서 열심히 촬영을 하다 보면 시간이 가는 줄도 모른다. 아침에 촬영을 시작했는데 정오가 훌쩍 지나면 빛이 바뀐다. 색온도가 달라졌다는 점을 인지하지 못할 수도 있다. 같은 장소라도 시간에 따라 빛은 바뀐다는 것을 염두에 두어야 한다.

색온도를 응용하면 한낮에도 새벽의 느낌으로 촬영이 가능하고 노을이 있는 저녁의 분위기로도 촬영할 수 있다. 후반 작업을 통해서도 색 보정은 가능하기 때문에 본연의 색이 완전히 달라지지 않는 선에서 조절하는 것이 바람직하다.

오디오 Audio

촬영에는 비디오뿐만 아니라 오디오도 포함된다. 매우 중요하지만 화면에만 집중하다가 오디오를 놓칠 수가 있다.

인터뷰 촬영을 예로 들어보자. 인터뷰 촬영에서 인물의 모습을 녹화하는 것만큼 중요한 것이 오디오다. 오디오를 함께 촬영을 할 때에는 촬영자가 반드시 이어폰으로 소리를 들어야 한다. 귀로 듣는 현장음과 카메라를 통해서 녹화되는 오디오는 다르다. 와이어리스 마이크를 사용하는 경우에는 더욱 그렇다. 미묘하게 작은 소리들까지도 녹음이 되곤 한다. 전기적인 문제와 주파수 때문에 노이즈가 발생할 수도 있고 주변의 환경, 갑자기 지나가는 오토바이 등 언제든지 소음이 발생할 수 있다. 촬영 중 소음 때문에 문제가 발생하면 과감하게 중단하고 다시 한번 인터뷰해 주실 것을 요청해야 한다. 소중한 시간을 내어 인터뷰를 진행하는데 좋은 결과를 얻어야 보람이 있고 이는 인터뷰이도 마찬가지다. 약간이라도 문제가 있다는 생각이 들면 다시 촬영하자. 사소한 것이라고 그냥 지나치면 편집할 때 후회가 밀려온다.

마이크는 카메라에 내장된 마이크 외에 두 종류를 주로 쓴다. 하나는 지향성 마이크다. 이름처럼 방향성이 있어서 마이크가 향하는 방향의 소리를 잘 담을 수 있다. 드라마 방송을 시청하다 보면 가끔씩 마이크가 삐죽 튀어나오는 경우를 볼 수가 있다. 그때 사용하는 길쭉한 마이크가 지향성 마이크다. 대사를 하는 인물의 방향으로 마이크를 향하면 오디오를 잘 담을 수 있다.

지향성 마이크

다른 한 가지는 와이어리스 마이크다. 편의성에 의해 널리 사용되는 마이크다. 수신기는 카메라에 부착해서 오디오를 녹음할 수 있게 되어있고 송신기는 인터뷰를 하는 사람이나 리포터에게 직접 착용하여 사용한다. 최대한 가깝게 부착하여 사용하기 때문에 주변의 소리보다 말하는 사람의 목소리를 잘 담을 수 있다.

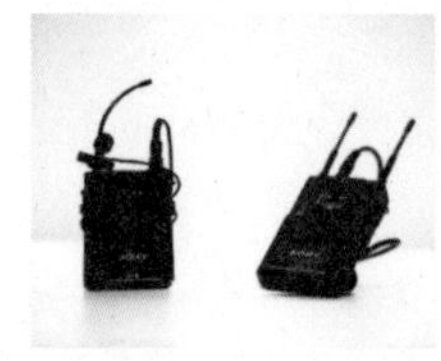
와이어리스 마이크

모든 카메라에는 오디오 레코드 메뉴가 있다. 이 메뉴의 설정을 확인할 필요가 있는데 매뉴얼로 세팅해 놓는 것이 좋다. 자동으로 세팅되어 있는 경우에는 갑작스럽게 큰 소리가 발생하면 순간적으로 소리가 녹음되지 않는다. 예를 들면 우리가 촬영을 하고 있는 중간에 인터뷰를 받는 분이 얘기를 하다가 손뼉을 쳤다고 해보자. 박수 소리가 순간적으로 마이크가 담아낼 수 있는 소리의 음역대를 넘어가면서 빨간 불이 들어온다. 그렇게 되면 박수 소리가 나는 그 순간의 1~2초 동안 오디오 수신이 불가능 해진다. 하지만 매뉴얼로 설정되어 있는 경우에는 빨간 불이 들어와도 그대로 녹음이 된다. 자동으로 소리를 잡아주는 시스템이 오히려 방해가 될 수도 있다.

메뉴에서 오디오가 녹음되는 창을 활성화하고 촬영하는 도중에도 모니터링을 하자. 녹음하는 소리의 작고 큰 정도에 따라서 레벨을 조절한다. 빨간 불이 들어오지 않는 선에서 명확한 오디오를 담을 수 있도록 리허설을 진행한 후 촬영한다.

삼각대 Tripod

삼각대에 대한 이야기는 이쯤에서 하는 것이 좋을 것 같다. 카메라에 대해서 이제 어느 정도 이해를 했으니 어서 촬영을 나가야 할 것 같은 분들께 부탁드린다. 삼각대를 잊지 마시라.

특별한 경우가 아니라면 영상 촬영 시에는 항상 삼각대를 사용하는 것이 좋다. 사진 촬영에서는 야간이나 스튜디오에서 주로 이용하지만 영상 촬영에는 상황에 관계없이 필수품이다. 삼각대가 없다면 약간의 투자가 필요하다. 장시간 촬영을 해야 할 경우도 있고 안정적인 화면을 유지하기 위해서라도 필요한 장비다. 손으로는 카메라를 잘 잡고 있는다고 해도 인간의 몸은 조금씩 움직인다. 항상 숨을 쉬고 있고 코가 간지러울 수도 있다. 갑작스럽게 다리가 저릴 수도 있다. 혹시라도 삼각대 없이 촬영을 해야 한다면 몸을 기댈 곳을 찾자. 벽에라도 기대어 촬영하면 좀 더 안정적이다.

삼각대는 브랜드도 다양하고 종류도 많다. 영상 촬영용 삼각대의 특징은 카메라를 고정시키는 헤드 부분에 자연스러운 움직임을 위한 손잡이가 있다. 헤드 부분이 부드럽게 움직일 수 있도록 베어링이 있기 때문에 매끄럽게 움직이는 샷이 가능하다. 가벼울수록 휴대는 편하지만 카메라와 렌즈의 무게를 감안해서 고르자. 특히 망원렌즈가 달려있는 경우에는 삼각대가 앞으로 넘어질 수도 있다. 카메라와 렌즈는 파손되면 비용 손실이 크다. 촬영 전에 삼각대의 위치를 먼저 잡고 카메라를 잘 고정한 뒤 수평을 확인하자. 휴대폰으로 촬영해도 삼각대 사용 여부에 따라 결과물의 차이가 크다.

기타 점검사항

촬영에 앞서 늘 철저하게 점검해야 할 일들이 있다. 첫째, 카메라의 이상 유무다. 카메라도 기계이기 때문에 어제까지 멀쩡했던 카메라가 갑자기 동작을 하지 않는 경우도 있다. 자주 촬영을 하다 보면 발생할 수 있는 일이다. 그렇다고 카메라를 여러 대씩 들고 다닐 수는 없으니 사전에 잘 점검하자. 중요한 촬영을 갈 때는 카메라 본체를 두 개씩 챙기는 경우도 있다.

둘째, 배터리 점검이다. 완전 충전을 해 놓은 배터리들이 여러 개 필요하다. 촬영 예상시간보다 넉넉하게 배터리를 준비해야 이상 없이 촬영을 끝낼 수 있다. 특히 야외 촬영과 날씨가 추울 경우에는 평상시보다 배터리 소모량이 많으니 유의하자. 그뿐만 아니라 마이크나 기타 장비에 들어갈 배터리도 여분을 챙기도록 하자. 가까운 곳에 마트가 없는 경우도 있고 촬영을 시작하려는 순간 배터리가 없으면 정말 난감하다.

셋째, 메모리카드나 테이프다. 다른 액세서리와 같이 묶어서 이야기할 수도 있겠지만, 따로 이야기하는 이유는 그만큼 중요하기 때문이다. 다른 것이 모두 준비되어 있다 해도 메모리카드나 테이프가 없다면 헛일이다. 주변에서 바로 대체하거나 구할 수 없는 물건이기 때문에 절대로 잊으면 안 된다. 나도 한두 번 경험이 있다. 제주도에서 촬영을 하는데 6mm 테이프가 없어서 시내의 대형마트 여러 곳을 다니면서 어렵게 구했다. 요즘에는 테이프보다 메모리카드를 많이 사용한다. 크기가 작아서 잃어버리기 쉬우니 조심하자.

넷째, 촬영에 도움이 되는 액세서리들이다. 이어폰,

방수커버, 렌즈를 닦는 수건, 필터, 먼지 제거기 등이다. 이 준비물들은 늘 가방에 함께 넣어두고 챙기자. 카메라용 이어폰을 따로 준비해서 카메라 가방에 늘 함께 두는 것이 좋다. 이어폰이 없어도 촬영은 가능하지만 오디오 확인을 제대로 할 수가 없다.

19 조명 Lighting

조명의 목적은 화면을 밝게 한다고 생각하기 쉽다. 그것보다는 부족한 빛을 채워주는 역할로 이해하면 좋겠다. 앞서 노출에 대해서 이야기했을 때, 지나치게 밝아서 과다 노출되는 부분과 너무 어두운 부분의 차이가 크면 카메라에 담을 수 있는 빛의 스펙트럼에 한계가 생긴다고 했다. 따라서 빛이 부족한 부분에는 좀 더 채워주고 너무 과한 곳은 적절하게 막아줘야 한다. 물론 전체적인 빛을 조절해야 하는 경우도 있다. 대본상 밤에 해당하는 씬을 촬영하거나 빛을 많이 필요로 하는 장면들을 촬영할 경우다. 하지만 이런 촬영들은 혼자서 하기는 쉽지 않기 때문에 전문적인 조명팀이 필요하다. 지금은 직접 조절이 가능하고 실제 촬영에서 활용할 수 있는 조명 이야기를 해보자.

화면의 밝기를 전체적으로 높이고 낮추는 것은 카메라의 조리개로 가능하다. 전체적인 빛이 충분하다고 가정했을 때, 조명을 쓰는 이유는 영상의 완성도를 올리기 위함이다. 조명에 따라 결과물의 차이가 분명하게 드러난다. 촬영 중 조명에 대한 고민은 늘 함께한다. 때로는 극단적인 느낌과 강한 콘트라스트를 위해서 조명을 이용하는 경우도 있고 일부러 빼는 경우도 있다. 역광을 이용하는 경우도 있고 인물의 위나 아래서 비추는 방법도 있을 것이다. 이런 경우를 제외한다면 조명의 역할은 좀 더 자연스럽게 결과물을 표현하는 것이 핵심이다. 카메라 법이나 조명 법 모두 하나의 전문 분야이기 때문에 자세히 얘기하자면 내용이 많아지니 간단하게만 소개한다.

조명 예시

삼각 조명법

중심이 되는 조명 Key light 이 카메라 렌즈와 같은 방향에 위치하게 된다. 보조 조명 Fill light 은 피사체를 좌측 또는 우측에서 비추게 된다. 세 번째 조명 Back light 은 피사체의 뒤 라인, 실루엣을 살려주는 역할을 하게 된다. 가장 강한 조명이 메인 조명, 두 번째, 세 번째 순서로 빛의 강약을 조절하면 된다. 이렇게 세 개의 조명을 이용하는 삼각 형태를 기본으로 방향과 각도, 높낮이에 따라서 다양한 연출이 가능하다. 자신만의 독특한 조명법을 찾아보는 일도 재미있다.

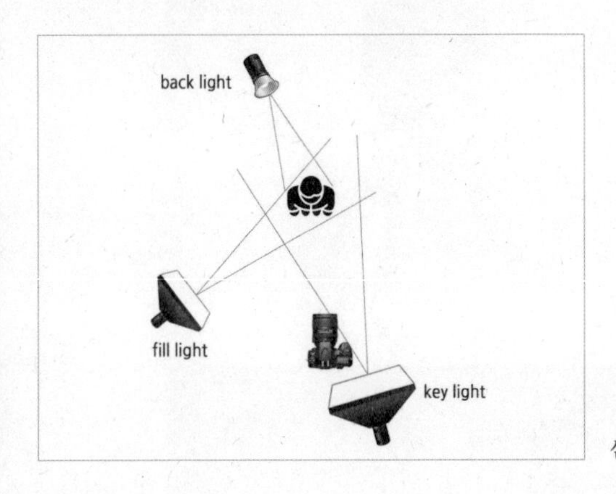

삼각 조명법

렘브란트 조명 Rembrandt lighting

나는 렘브란트 조명 스타일을 좋아한다. 인터뷰를 할 때 인물을 멋지게 부각시킨다. 삼각 조명이 틀에 박힌 스타일로 느껴진다면 시도해보자. 네덜란드를 대표하는 화가였던 렘브란트는 자신만의 독특한 빛의 세계를 보여주었다. 그의 그림에는 입체적인 느낌이 강하게 드러나는데, 이는 자연스러운 빛의 조화를 뛰어넘는다.

렘브란트 자화상
Self-portrait wearing a ruff and black hat / Rembrandt van Rijn

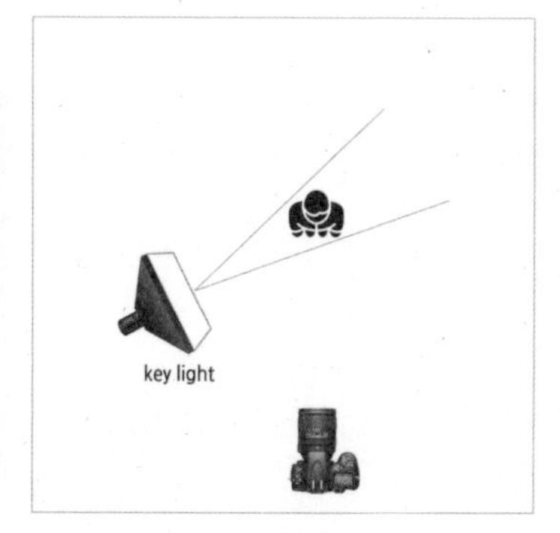

렘브란트 조명 예시

촬영할 인물을 자세히 관찰하면 좌, 우의 느낌이 다르다는 점을 깨닫게 된다. 좀 더 느낌이 좋은 면을 살려주고 반대쪽은 자연스럽게 음영을 표현하면 장점이 부각된다. 얼굴이 입체적으로 보이고 작아 보이는 효과가 있다. 하지만 지나치게 대비를 강하게 하면 얼굴이 반만 있는 사람처럼 보이게 되니 주의해야 한다.

다양한 조명기기

외부에서 혼자 촬영을 진행하다 보면 정석으로 촬영하기에는 버겁다고 느낄 수 있다. 촬영 준비 시간도 오래 걸리기 때문에 간단한 촬영에서는 생략을 많이 하는 편이다. 일단 혼자서 조명 세 개를 들고 다니는 것이 쉽지 않은 문제다. 우리는 조명 외에도 카메라와 삼각대를 챙겨야 하고 기타 다른 장비도 있다. 그래서 요즘에는 이동성이 편리한 LED 조명도 많이 선호한다. LED 조명을 두 세트 정도 갖추면 큰 도움이 된다. 실내에서 촬영을 하는 경우에는 실내조명을 메인으로 이용하고 챙겨가는 조명은 보조하는 역할로도 가능하다. 실외일 경우에는 자연광이 있기 때문에 자연광을 메인으로 하고 반사판을 이용해서 보조 조명으로 이용하면 좋다. 다양한 연습 촬영으로 조명의 변화와 상황에 따른 결과의 차이를 살펴보자.

이 외에 광원에 따라서 백열등, 할로겐, 형광등, LED 조명 등이 있다. 각각의 조명들은 특성이 있고 활용하는 방법들이 다르다. 예전에는 백열등과 할로겐을 주로 이용했으나 열이 많이 발생하고 전기가 많이 필요한 관계로 최근에는 LED를 선호하는 추세다. 형광등 조명은 Kino라고도 하는데 영화 매트릭스에 사용되면서 널리 알려졌다. 촬영을 하다 보면 형광등에 의한 불빛은 깜빡임이나 떨림의 플리커 현상이 나타나는 것을 알 수 있다. 우리 눈은 인식하지 못하기 때문에 촬영장에서는 몰랐다가 나중에 편집하려고 촬영본을 보면 빛의 흔들림이나 깜박임이 있다. Kino 조명은 플리커 현상이 없도록 특별한 장치가 되어 있다. 가정에서 쓰는 형광등은 이런 장치가 없기 때문에 촬영 조명으로는 적합하지 않다. 야외에서 뉴스나 리포터 촬영을 하는 경우에도 인물의 눈이 더욱 빛나도록 도와주는 'Eye light'나 LED를 사용할 수 있다. 조명을 카메라 위에 고정해서 간이 조명으로 활용한다면 영상미를 높일 수 있다.

20 화면 구성

이제 카메라와 조명에 대한 배경지식이 생겼으니 원하는 화면을 구성하고 완성도 있는 영상을 만들기 위해 노력을 해야 할 단계다. 촬영하는 한 컷, 한 컷이 쌓여 영상이 된다. 단 한 컷이라도 대충 찍을 수는 없다. 어떻게 하면 영상이 돋보이고 의도하는 것이 잘 담길 것인가에 대한 고민이 필요하다. 이 고민은 늘 함께 해야 하며 이런 고민이 시작될 때부터 프로의 세상에 합류하게 된다. 그런 시기에 이르면 화면 속에 형식적인 것이 아닌 촬영자의 생각이 스며든다.

카메라를 들고 촬영을 나갔다고 가정해보자. 장소는 식물원이다. 지금부터 촬영을 시작해보자. 식물원에는 다양한 식물이 있다. 구경하는 사람도 보인다. 어떤 사람은 꽃이 좋아서 다양한 꽃만 촬영했다. 어떤 사람은 여러 식물을 찍었다. 어떤 사람은 구경하는 사람들만 찍었다. 이렇게 한 장소에서 촬영을 하더라도 촬영자의 주관적인 생각에 따라 촬영이 이루어진다. 카메라의 역할이다. 카메라는 원하는 구도와 원하는 정보, 원하는 것들만 녹화한다. 모든 것이 아닌, 우리가 보여주고 싶은 것들로 화면을 구성한다. 현실이지만 현실과는 다른 이유는 촬영자의 주관적인 관점이 녹아 있기 때문이다. 그래서 카메라로 촬영한 영상은 그 자체로 예술이다. 카메라의 뷰 파인더를 통해 예술가의 눈으로 세상을 바라보고 프레임에는 자신이 보는 세계를 재창조하게 된다. 앵글과 구도, 어떻게 보여줄 것인지는 당신의 손에 달려있다.

황금비율

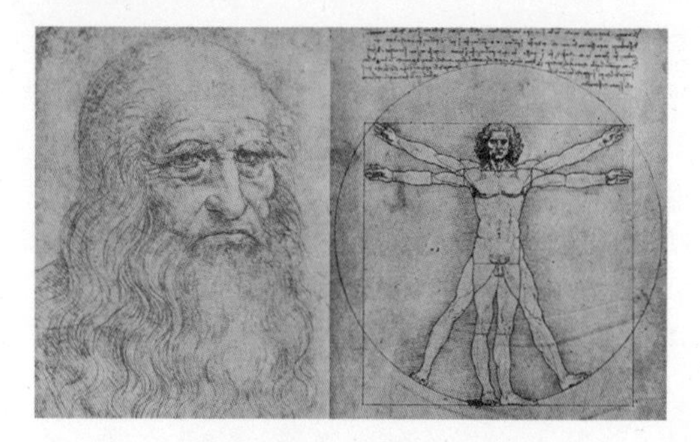

비트루비우스 인간, 황금비율 / Leonardo Da Vinci

화면 구성에도 황금비가 있다. 이 비율을 적용해서 촬영하면 안정적인 영상이 가능해진다. 황금비율은 15세기에 '레오나르도 다빈치'가 인간의 몸을 황금비율로 설명한 신체 비례 그림에서 유래되었다. 화면을 꽉 채우는 사각형 프레임은 과거부터 존재해 온 그림의 프레임과 다르지 않다. 화가들은 화면 구성에 대한 고민을 많이 했었다. 그림들을 관찰하다 보면 화면을 구성하는데 많은 도움이 된다.

최후의 만찬 The Last Supper / Leonardo Da Vinci

화면을 가로, 세로, 세 등분으로 나누어 보자. 각각 두 개의 선들이 서로 만나는 4개의 포인트가 있다. 이 포인트를 기준으로 피사체를 위치시키고 화면을 구성하는 것이 황금비율의 기본이다. 중심이 되는 인물의 위치, 인물의 시선 방향, 배경과의 조화를 생각하며 화면을 구성해본다.

소로야 자화상 Self Portrait / Joaquín Sorolla

카메라의 디스플레이 메뉴에는 안내선 기능이 있다. 뷰 파인더를 통해 격자 선이 나타나는데, 잘 활용하면 영상의 완성도에 큰 도움이 된다. 의도한 바가 있어서 일부러 황금비를 깨는 경우도 있다. 하지만 기본적인 촬영에 있어서는 안정적인 비율을 유지하는 것이 좋다.

균형

화면을 좌, 우 또는 위, 아래로 나누었을 때 어느 사분면에 피사체가 위치하는지에 따라서 균형이 유지되기도 하고 깨지기도 한다. 정물화를 보면 쉽게 이해가 간다. 과일들이 테이블 한쪽으로만 치우쳐져 있다면 뭔가 불안해 보이고 위태로워 보인다. 단지 피사체의 크기나 개수뿐 아니라 색이나 질감에 의해서도 균형이 무너질 수 있다.

The Basket of Apples / Paul Cézanne

세상의 관점을 바꾼 위대한 화가 세잔의 정물화는 매력적이다. 세잔은 하나의 화면에 여러 시점을 표현하고 싶어 했으며 실제로 자신만의 독특한 시점을 만들었다. 세잔이 그린 사과 정물화를 보면 테이블이 앞쪽으로 쏠려서 마치 사과가 굴러떨어질 것처럼 보인다. 위태롭고 불안한 느낌과 균형을 깨트림으로 신선한 충격을 선사한다. 균형과 변형, 항상 같은 답은 없다. 선택은 자유다.

다른 예를 들어 보자. 인터뷰의 대상자 옆에 지나치게 밝은 화병이나 어지러운 모양의 그림이 보인다면 시청자의 시선은 분산된다. 주변의 사물들을 적절히 이동, 배치시킴에 따라서 화면 안의 균형을 조절할 수 있다. 특히 색의 균형에도 신경을 써야 하는데 중심이 되는 피사체보다 주변이 지나치게 밝거나 눈에 띈다면 시선이 분산된다. 우리의 눈은 자연스럽게 밝은 부분으로 시선이 가도록 되어 있기 때문이다. 이 점을 적절하게 이용하면 시선의 변화에 따른 장면을 구성하는 데 도움이 된다.

미장센 Mise-en-scene

영화에서 많이 거론되는 '미장센'에 대해서 잠시 알아보자. 미장센은 '영화 속에 존재하는 모든 요소들은 감독이 표현하고자 하는 바를 나타내는 수단으로써 적극 활용되어야 한다'는 작가주의 정신에 입각한 것이다. 따라서 화면에 나타나는 구도, 앵글, 배경, 소품, 인물 등 모든 요소가 감독의 의도로 볼 수 있다. 미장센은 단지 영화에서만 가능한 것이 아니다. 제작하는 모든 영상 속에도 존재한다. 인터뷰 한 컷을 찍는다고 할지라도 미장센을 기억하자.

화면 안의 작은 소품일지라도 의미가 없다면 과감히 빼자. 반대로 중요하게 생각하는 소품은 세심하게 배치한다. 전달하고 싶은 숨겨진 의도를 배경으로 연출해보자. 화면을 구성하고 있는 모든 것은 사전에 의도할 수 있다. 우리는 예술가이며 스스로 만들어 낸 영상의 주인이다.

구도와 앵글

화면의 구도를 다양하게 이해하려면 고전 회화를 참고하면 도움이 된다. 이미 르네상스 시대에 화면에 대한 구도와 관객의 시점까지 완성되었다. 화가들은 그림을 바라보는 사람들의 시선까지 고려해서 표현했다. 그림의 크기와 걸려진 위치, 구도와 앵글에 따라 집중도는 달라진다. 아래 그림은 나폴레옹의 대관식을 영화에서 보는 것 같은 기분이 든다. 오늘날 IMAX 영화의 한 장면이라고 해도 손색이 없을 그림이다. 다양한 고전을 보며 구도를 이해하고 영상에 적극 활용하자.

나폴레옹 대관식 Couronnement de Napoléon / Jacques Louis David

수태고지 The Annunciation / Leonardo da Vinci

구도를 잡기 위해서는 나타내고자 하는 장면을 담을 수 있는 렌즈의 선택이 우선된다. 무엇을 보여줄 것인지에 대해 고민해 보자. 인물이 우선인지, 전체적인 배경을 보여줄 것인지를 선택한다. 인물 중심의 화면과 배경 중심의 화면은 접근 방법이 다르다.

렌즈를 선택했다면 이제는 카메라 앵글을 생각해 보자. 일반적으로는 카메라의 렌즈와 인물의 시선을 같은 선상에 맞추는 것이 보기 좋다. 앵글이 낮아지면 인물이 부각되어서 거만해 보이거나 악당 같은 느낌이 들 수도 있다. 반대로 위에서 찍는 하이 앵글은 자칫하면 옹졸해 보이고 불쌍해 보이는 연출이 될 수도 있다. 이런 느낌을 적절히 활용하면 은밀하게 원하는 인물의 성격을 드러낼 수도 있다. 구도와 앵글을 활용하면 다양한 느낌으로 촬영이 가능하다. 카메라 앵글의 예시를 보면서 직접 촬영해보자. 앵글만 바뀌어도 인물의 느낌이 달라진다는 사실을 직접 깨닫게 된다.

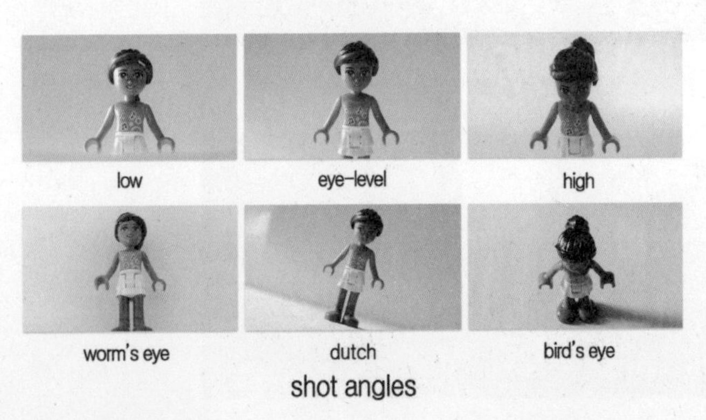

카메라 앵글 Shot Angles

화면의 이동과 여백

항상 멈춰진 장면을 촬영하지는 않는다. 움직이는 피사체를 따라가야 할 경우도 있고 카메라가 의도한 방향으로 움직이면서 배경을 촬영할 경우도 있다. 인물을 촬영한다고 가정해보자.

머리와 턱의 여백 Head room, Chin room

화면에는 여백이 어느 정도 있어야 보는 사람이 답답하게 느끼지 않는다. 처음 인물 촬영을 하는 경우에 놓치기 쉬운 부분이 여백이다. 앞서 이야기한 황금비율에 맞추어 인물을 배치하고, 이제는 어느 정도의 여백을 확보할 것인가에 대해 생각해야 한다. 특히 인물의 머리 위쪽에 빈 공간을 '헤드 룸', 턱 아래쪽을 '친 룸'이라 한다. 클로즈업이 아닌 바스트 샷 이상에서 헤드 룸이 없으면 답답하게 느껴진다. 화면 상단의 가장자리는 보는 이로 하여금 답답함을 느끼게 만든다. 그래서 이 가장자리의 여유 공간이 확보되지 않으면 보는 이가 불편할 수 있다. 답답하지 않도록 화면의 여백을 고려하자.

노우즈 룸 비교

인물이 향하고 있는 쪽으로 여유 공간이 확보되지 않으면 벽에 부딪힐 것 같은 기분이 든다. 답답하고 불안한 느낌이다. 더 편안하고 안정적인 샷을 위해서는 눈과 코 방향에 여백을 두는 것이 좋다. 훨씬 편안하고 자연스러운 느낌이 든다. 사소한 차이가 완성도를 높인다. 다음은 노우즈 룸과 비슷한 리드 룸이다. 리드 룸이란 인물이나 피사체의 진행 방향이나 카메라가 이동해 나갈 방향에 대한 여유 공간을 확보해 주는 것이다. 방향성에 여유 공간을 보여줌으로 자연스러운 이동이 가능해진다. 시청자의 시선이 피사체의 움직임을 자연스럽게 예측할 수 있다. 카메라가 피사체를 따라 움직이고 멈추는 순간에 따라 느낌이 달라진다는 점도 생각해 보자.

리드 룸 비교

최대한 자연스러움이 영상 연출의 기본이다. 영상 안에서도 현실과 같은 세상이 이어지기 때문이다. 촬영을 하고 있는데, 화면에서 뭔가 불안한 느낌이 들거나 이상하다고 느껴지면 앞서 말한 사항들을 다시 확인해보자. 자연스러운 영상을 위해서 노력하다 보면 완성도는 점점 높아진다.

배경화면

화면에서 보이는 배경은 중요하다. 배경 자체가 미장센의 역할을 수행할 수도 있고 시청자의 눈에 지속적으로 노출되기 때문이다. 인터뷰를 촬영한다고 가정했을 때, 배경이 너무 어지럽거나 특정 문양이 도드라진다면 다시 생각해 보자. 인물의 집중도를 흐리기 때문에 인터뷰의 내용을 정확하게 전달하기 힘들다. 자칫하면 배경 하나 때문에 영상 전체에 안 좋은 영향을 미칠 수도 있다.

배경을 설정할 때는 어느 정도의 연출이 필요하다. 인터뷰하는 사람의 직업이나 전문적인 능력을 감안하여 배경을 설정하거나 정보가 있는 소품을 화면에 담는 것도 좋겠다. 진지한 내용을 인터뷰하는데 전문가의 뒤에 유치한 달력이 걸려있으면 신뢰감이 떨어진다. 화면에 보이는 배경을 살펴보자. 화면의 작은 것들이 프로와 아마추어를 구분 짓는다.

21 촬영 기법

지금까지 촬영을 위해서 많은 것을 알아보았다. 샷, 앵글과 구도, 카메라, 조명에 대해서도 이야기했다. 모든 것이 촬영을 위한 준비 과정이었다. 촬영 기법에도 기본적으로 알아야 할 몇 가지가 있다. 이 정도만 알고 촬영을 진행해도 전문가의 분위기를 낼 수 있다.

카메라 셋업 Camera Set Up

카메라 셋업의 기본은 삼각대와 수평이라 할 수 있다. 어느 장소라도 촬영을 시작하기 전에는 삼각대를 펼치고 카메라를 안정적으로 고정한 후에 수평을 맞춘다. 그리고 조명과 컬러를 확인하고 화이트 밸런스를 조절한다. 오디오 테스트까지 끝내면 기본 촬영 준비는 완료된다.

마스터 샷 촬영

설명을 위해서 남녀의 대화 씬을 촬영하는 것으로 설정했다. 처음 촬영하는 샷은 시퀀스의 전체 스토리를 담을 수 있는 마스터 샷이 좋겠다. 상상을 돕기 위해 에릭 로메르 감독의 '여름 이야기' 한 장면을 준비했다.

남녀의 대화 씬, 마스터 샷, 투 샷. A Summer's Tale / Éric Rohmer 1995

남자와 여자가 서있는 장면을 화면에 담기 위해서는 카메라가 어디에 위치하는 것이 좋을지 생각해 본다. 두 인물의 배경은 괜찮은지도 살펴보고 조명도 체크해 본다. 오디오도 이상이 없으면 이제 촬영을 시작한다. 중간에 NG가 날 수도 있고 실수를 할 수도 있다. 몇 번이라도 마음에 드는 마스터 샷을 촬영하자. 대충 찍고 나중에 후회하기보다 현재의 촬영에 집중해서 원하는 샷을 얻는 것이 중요하다.

마스터 샷 촬영 후에는 대화 씬을 쪼개서 촬영한다. 말하는 사람과 듣는 사람의 어떤 모습을 담을까? 카메라의 이동은 어떻게 하는 것이 좋을까? 카메라를 자주 옮기더라도 대화 순서대로 찍는 것이 좋을지, 아니면 카메라 이동을 최소화하고 필요한 샷을 먼저 찍을 것인가?

연결 샷의 앵글을 바꿔라.

한 씬에서 연결되는 이전 샷과 다음 샷의 카메라 앵글을 약간씩 바꿔줄 필요가 있다. 이는 시청자의 시선에서 편집된 화면을 자연스럽게 인식시키기 위함이다. 같은 앵글에서 화면이 편집되면 툭 튀는 느낌이 든다. 경험을 위해서 직접 촬영해보자. 일부러 의도된 편집 효과를 노리는 것이 아니라면 연결 샷에서 앵글을 약 30도 정도만 바꿔도 매끄럽게 연결된다. 물론 샷의 사이즈에도 변화가 있어야 한다. 편집의 기본 룰은 튀지 않는 자연스러운 연결이다. 최대한 자연스러움을 유지하기 위해서는 샷의 앵글과 사이즈의 변화가 필요함을 기억하자.

동작 중에 컷팅 포인트를 잡아라.

샷이 연결될 때 배우의 동작이 있다면 동작에 맞추어서 컷팅 포인트를 잡는 것이 좋다. 정지된 화면 안에서 움직이는 인물의 동작은 눈에 띈다. 눈에 띄는 장면에 시선이 집중되기 때문에 이 점을 활용하면 자연스러운 편집을 할 수 있다. 자연스럽게 편집이 가능하려면 촬영이 중요하다. 따라서 배우는 촬영 시 편집점에 같은 동작을 반복해야 한다. 이야기를 하면서 턱에 손이 가는 동작을 상상해보자. 투 샷에서 남자가 이야기를 하며 손이 턱 쪽으로 가며 턱을 만진다. 이다음에 연결 샷을 찍기 위해서는 남자의 바스트 샷으로 카메라의 앵글을 바꾼 다음에 같은 동작으로 촬영한다. 대사가 같이 물려 있다면 대사와 손의 움직이는 시간을 맞추어 촬영한다. 이렇게 같은 부분의 움직임이 있는 샷을 두 번 촬영하면 편집 시 턱에 손이 가는 포인트를 잡아서 깔끔한 편집을 할 수 있다.

연결, 인서트, 리액션 샷을 많이 찍어라.

다양성과 매끄러운 편집을 위해서는 소스가 좋아야 한다. 콘티에 있는 대로 촬영을 잘 했다고 하더라도 막상 편집을 하다 보면 부족한 샷들이 생긴다. 촬영할 때 인서트 좀 더 찍을 걸 하는 후회를 하지 않으려면 미리미리 준비하는 것이 좋다. 콘티 외에도 추가로 다양한 샷들을 찍어 두자. 특히 리액션 샷 같은 경우 다양한 사이즈와 앵글로 찍어 놓으면 유용하게 쓰인다. 노련한 전문가처럼 필요한 샷들만 골라서 찍고 편집까지 머리에 담는 것은 쉽지 않다. 아니, 전문가들도 그렇게 쉽게 찍지 않는다는 사실을 기억하자. 촬영은 한 번 진행하고 나면 다시 돌이키는 것이 쉽지 않다. '기회가 있을 때 잘하자'는 말이 적절한 표현이다. 편집을 직접 하다 보면 촬영에도 노하우가 생긴다. 어떤 소스들이 있어야 편집이 자연스러운지를 알기 때문이다.

180도 법칙을 지켜라.

시청자가 보는 화면은 평면이다. 화면에는 위, 아래, 왼쪽과 오른쪽이 있다. 두 사람이 각각 왼편과 오른 편에 서 있다면 시청자는 화면에서 본 정보를 머릿속에 인식하게 된다. 하지만 다음 장면에 카메라가 '180도 법칙'을 무시하고 반대편으로 넘어가서 촬영을 한 화면이 나온다고 가정해보자. 순식간에 서 있던 사람들이 반대가 된다. 좌, 우의 사람이 바뀌는 형태다. 시청자들은 혼란스러워진다. '누가 누구에게 말하고 있는 거야?' 하고 헷갈리게 된다.

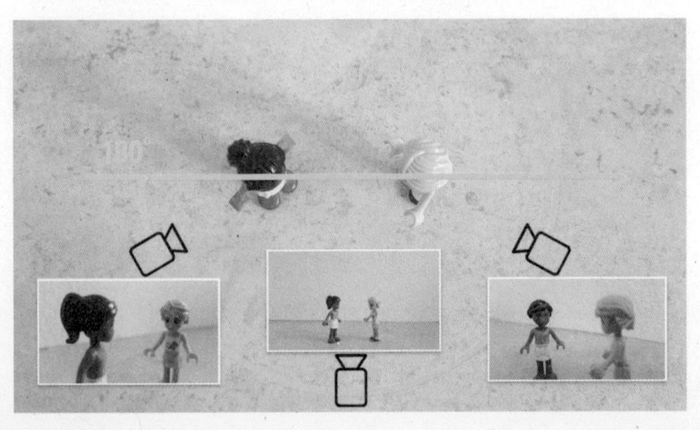

촬영의 180도 법칙

이렇게 화면의 좌, 우가 바뀌는 것을 방지하기 위해서 '180도 법칙'이 생겼다. 화면의 반대쪽 180도를 넘어가지 않는 선에서 다양한 샷을 촬영하면 된다. 특히 두 사람의 대화 씬에서 자주 적용된다.

'180도 법칙'을 깰 수 있는 방법도 있다. 카메라맨이 직접 카메라를 들고 인물을 따라다닌다고 가정했을 때, 컷 전환 없이 180도 선을 넘어가면 가능하다. 물론 편집 과정에서도 이 샷이 들어가야만 편집이 가능할 것이다. 또 한 가지는 편집에서 중립적인 역할을 하는 샷을 넣어주고 넘어가는 방법이 있다. 제3의 인물이 등장해서 시점의 변화를 주거나 대화 중 인물의 시점 샷, 인서트 샷의 활용으로 가능하다. 하지만 특별한 이유가 없다면 '180도 법칙'을 지키는 것이 좋다.

프레임 인/아웃 Frame in/out

빈 화면에 피사체가 들어오고 나가는 것을 의미한다. 촬영 중에는 피사체나 인물의 이동이 있는 샷을 찍을 경우가 생긴다. 샷의 연결을 생각하고 여러 가지를 고민하면서 촬영하겠지만 가끔은 이런 움직임 때문에 매끄럽지 못한 연결이 생길 수도 있다. 이럴 때를 대비해서 프레임 인 아웃에 대해 생각하고 촬영해두면 여러모로 쓸모가 많다.

Paris 2013

자동차가 들어오고 나가는 장면이나 인물이 들어오고 나가는 장면들을 응용한다면 간단한 방법으로 장소의 이동 또한 매끄럽게 연결된다. 프레임 인/아웃을 촬영할 때는 샷의 길이를 앞, 뒤로 여유 있게 잡기를 권한다.

카메라가 움직일 때는 이유가 있어야 한다.

카메라를 잡은 지 얼마 안 되었을 때 가장 큰 특징은 끊임없이 움직이는 화면이다. 카메라가 몇 초 이상을 가만히 있지 않는다. 줌 인, 줌 아웃, 패닝, 틸트 업 다운 등 지속적으로 카메라를 움직이며 촬영한다. 하지만 막상 촬영본을 함께 보면서 이야기하다 보면 본인도 무엇을 촬영했는지 잘 모르는 경우가 많다. 목적 없이 촬영을 하게 되면 쉽게 일어날 수 있는 현상이다. 의욕이 앞서서 생기는 결과다.

카메라는 하나의 샷을 움직이지 않고 촬영하는 것이 좋다. 어지러운 것을 좋아하는 시청자는 없다. 만약에 어지럽게 느낀다면 금세 영화를 꺼버리거나 다른 것을 볼 것이다. 그러므로 카메라를 움직일 때는 항상 생각하고 움직여야 한다. 특히 줌을 사용하는 경우에는 줌을 쓰기 이전 컷도 활용할 수 있도록 충분한 여유를 주는 것이 좋다. 최소 5초~10초 정도의 앞뒤 여유를 주고 줌 촬영에 들어가도록 하자. 달리나 팬도 마찬가지다. 앞뒤 여유가 필요하다. 빠른 줌, 느린 팬 등 다양한 속도로 여러 번 촬영해보자. 표현하고자 하는 느낌을 담아내는 것이 중요하다. 카메라가 움직이는 것에 두려움을 가질 필요는 없지만, 카메라가 움직이는 이유와 목적을 정확히 이해한다면 좋은 영상을 담아낼 수 있다.

22 특수 촬영

상업 영화의 특수 촬영은 자본의 힘이 필요하지만 기본 이해만 있으면 저렴한 비용으로 비슷한 효과를 낼 수 있다. 특수 촬영에 관련한 자료들도 직접 찾아보면서 흥미로운 영상을 접해보자. 제작자라면 자신의 영상을 신선하고 새로운 장면들로 채우고 싶은 욕구가 있다. '저런 씬은 어떻게 찍었을까?' 의문을 갖게 만드는 그런 촬영을 하고 싶어진다. 우리의 마음을 알고 있는 영상 장비 회사들은 신기하고 재미있는 장비를 해마다 소개한다. 관련 잡지나 박람회를 통해서 새롭고 즐거운 소식들을 접할 수 있다.

크로마키 Chroma-key

크로마키 촬영
The Matrix /
Lilly Wachowski 1999

영상의 합성을 위해서 가장 많이 활용할 수 있는 특수 촬영법이다. 비교적 간단하고 쉽게 촬영할 수 있다. 배경만 신경 써서 블루나 그린 톤의 천으로 덮어주고 촬영하면 된다. 크로마키 촬영 소스를 얻게 되면 편집에서 쉽게 합성할 수 있다. 성공적인 크로마키 촬영을 위해서는 몇 가지 조심할 점이 있다. 우선 조명에 신경 써야 한다. 적절한 노출의 광량이 필요하다. 인물이나 피사체가 오버 노출이 되지 않도록 촬영을 해야 합성을 했을 때 자연스러운 결과물을 얻을 수 있다. 특히 신경 써야 하는 부분은 그림자다. 최대한 그림자가 생기지 않도록 촬영하는 것이 기술이다. 인물과 크로마키 배경의 거리를 조절하고 조명을 이동해서 그림자가 생기지 않도록 촬영하자. 합성 시에 그림자 부분이 얼룩이 생길 수 있기 때문이다. 배경천에도 직접 조명을 비추지 않도록 한다. 배경의 한 부분만 밝아지지 않도록 골고루 퍼지게 해야 한다. 인물의 의상에도 신경을 써야 한다. 크로마키 색과 비슷한 색상은 피해야 하고 가는 줄무늬나 체크무늬의 의상은 피하도록 하자. 인물의 헤어스타일은 복잡하지 않은 것이 좋다. 현란한 헤어스타일은 합성했을 때 부자연스러워 보인다. 크로마키 촬영에 쓰일 천만 준비한다면 누구나 특수 촬영을 할 수 있다. 크로마키 합성을 잘 응용하면 재미있고 기발한 영상들도 제작이 가능하다.

드론 Drone

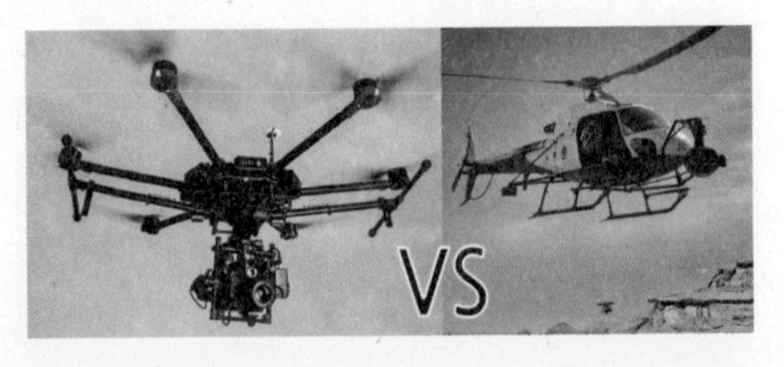

드론 촬영과 항공 촬영

드론을 활용한 촬영은 없어서는 안 될 만큼 활용도가 높아졌다. 광고, 영화, 드라마를 넘어 다큐멘터리, 연예, 예능 프로그램에서도 적극 활용한다. 드론 촬영은 저렴한 운용비로 색다른 촬영 소스를 얻을 수 있다. 항공 촬영으로만 가능했던 화면들을 쉽게 촬영할 수 있다는 장점이 있다. 중요한 점은 항공법에 위반되지 않는 범위 내에서만 촬영이 가능하다는 것이다. 미리 허가를 받아야 하는 장소들이 많다는 점을 유의해야 한다. 또한 드론의 컨트롤이 미숙하지 않도록 사전에 연습을 충분히 해야 한다. 추락으로 인한 사고가 빈번하게 생긴다. 직접 드론 촬영을 하는 것도 좋겠지만 전문 팀과 협업하는 것을 추천한다. 추가적으로 RC 카에 카메라를 달아서 자동차 추격 장면을, RC 보트로는 수중 장면을 연출할 수도 있다. 리모컨과 GPS가 연결된 드론은 자동으로 따라다니며 촬영을 하기도 한다. 적절한 응용 촬영으로 결과물을 색다르게 표현할 수 있다.

액션 캠, 4K, 8K, 360도 Cam

다양한 종류의 카메라

액션 캠 시장이 활발해졌다. 기존의 카메라 회사 이외에도 선택지가 많아졌다. 서브 카메라로 활용하기도 하고 작고 튼튼하기 때문에 익스트림 스포츠나 레이싱, 바다와 하늘에서도 촬영이 가능하다. 방수 기능으로 물속에서도 촬영이 가능하기 때문에 촬영 장소의 제약이 없다. 액션 캠으로 촬영된 영상들은 온라인에서도 쉽게 찾아볼 수 있으니 참고해보자. 촬영의 목적에 따라서 다르겠지만 충분히 시도해 볼 만하다.

카메라의 종류에 따라서 4K, 8K와 360도 촬영 지원이 가능하다. 이제는 기본이라고 할 수 있는 4K 촬영은 Full HD를 훌쩍 넘어서는 크기의 감동을 선사한다. 4K로 촬영된 소스를 전용 모니터에서 봤을 때 감동과 놀라움을 지금도 잊을 수가 없다. 장비가 얼마나 발전할지는 모르겠지만 8K 영상 시장도 곧 활성화될 것이다. 적절하게 새로운 기술과 장비를 활용해서 시대에 맞추는 감각도 필요하다. 그렇다고 무조건 새로 나온 것이 좋다는 것은 아니니 서두르지 말고 적절하게 활용해보자.

360도 가상현실은 이미 경험해 보았을 것이다. 카메라를 중심으로 360도 파노라마 뷰를 경험할 수 있는 새로운 시스템이다. 아직은 화질이 떨어진다는 아쉬움이 있지만 8K가 보급화되면 지금의 Full HD 정도의 화질로 가상현실 체험이 가능해진다. 언젠가는 지금까지 이야기한 촬영 기법이 완전히 새롭게 바뀌는 날이 올지도 모르겠다. 예를 들어, 카메라맨의 머리 위에 360도 카메라를 장착하고 촬영을 하게 되면 카메라맨을 중심으로 그 주위의 모든 것들이 실시간으로 녹화된다. 편집을 따로 할 필요가 있을까 하는 의문도 든다. 편집의 방법도 많이 달라질 것이다. 시청자는 촬영 장소에 실제로 존재하는 자신을 느낄 것이다. 시청자가 화면 속의 경험자로 바뀌는 순간이다. 영상의 다양하고 화려한 발전이 기대된다.

360도 촬영

타임랩스, 고속 촬영 Timelapse, High speed cinematography

타임랩스 촬영 Timelapse / pikist.com

우리의 눈은 평상시에 보지 못했던 장면에 민감하게 반응한다. 새로운 기법으로 촬영된 영상이나 특수 촬영한 영상들을 봤을 때를 떠올려보자. 이제는 보편화된 영상 기술이지만, 타임랩스와 고속 촬영도 처음에는 매우 신선했다. 제작하는 영상의 목적에 맞는다면 한두 장면 넣어보자. 특히 시간의 흐름을 영상으로 표현하고 싶을 때 아주 적절하다. 타임랩스 촬영은 시간적인 노력과 끈기가 필요한 작업이다. 결과물로 보이는 몇 초를 위해서 하루를 투자해야 할 수도 있다. 하지만 그만큼의 가치가 있다고 생각한다. 타임랩스로 예술 작품을 보여주는 제작자들도 많다. 다양한 타임랩스를 찾아보고 감상해보자.

초고속 촬영은 전문 장비가 필요하지만 우리가 가진 장비들로도 일부 가능하다. 이론적으로 고속 촬영이란, 평상시에 녹화되는 프레임보다 몇 배 많은 프레임으로 촬영을 한다. 같은 시간을 더 많은 프레임으로 찍게 되면 그만큼 세밀한 움직임까지도 포착이 가능해진다.

고속촬영 예 High speed cinematography / pikist.com

예를 들면, 곤충의 날갯짓이나 운동선수의 움직임, 물방울이 수면에 떨어지는 순간 등이다. 초당 300 프레임으로 촬영한 소스를 초당 30 프레임으로 재생하게 되면 자연스럽게 10배가 느려진다. 영상에서 역동적이고 빠른 느낌을 연출하고 싶다면 고속 촬영을 시도해보자. 액션 장면에서 활용하면 스피드 조절만으로도 박진감을 더할 수 있다. 조리개는 조이고 셔터스피드는 빨라질수록 느낌이 살아난다. 다양하게 시도해 보고 적절하게 활용해보자.

가상현실 VR(Virtual Reality)과 증강현실 AR(Augmented Reality)

가상현실과 증강현실에 대한 이야기를 하는 이유는 계속적으로 발전할 분야이기도 하고 영상 제작자들이 충분히 응용할 수 있기 때문이다. 새로운 영상 세계로의 확장이라 할 수 있겠다. 360도 파노라마 촬영과 가상현실, 증강현실을 함께 생각해 보면 좋겠다. 이제는 영상 하나만의 콘텐츠가 아닌 다양하게 확장된 통합 멀티미디어 콘텐츠로 발전할 것이다. 새롭게 발전하는 미디어 시장에서 영상 제작자들이 많은 활동을 하면 좋겠다. 가상현실은 실제의 현실이 아닌 가상의 현실을 실제처럼 느끼게 해 주는 체험형 콘텐츠다. POV 샷의 결정판이라고 할 수 있다. 디스플레이 장치가 보편화된다면 매우 많은 분야에 접목할 수 있다. 영상 제작자들은 이 점을 유심히 살펴보고 적용해 볼 만한 가치가 있다.

VR을 체험하는 남성
pikist.com

AR 증강현실
Minority Report
/ Steven Spielberg 2002

증강현실은 실제의 현실과 가상의 콘텐츠를 합치는 기술이다. 360도 파노라마, 가상현실, 증강현실은 모두 융합될 수 있는 영상 콘텐츠다. 홀로그램 영상 기술도 조만간 현실화되면 더욱 재미있을 것이다. 앞으로 영상을 제작할 때 이런 부분을 생각해 보면 어떨까? 2차원인 화면에서 확장된 3D, 4D 영화가 보편화된 것처럼 가상과 현실을 넘나드는 초현실도 먼 일이 아니다. 인터넷 강의나 뉴스 영상에 시도한다면 반응이 즉각적일 것 같다. 자칫 지루하기 쉬운 영상은 신선한 느낌만으로도 시청자를 사로잡을 수 있다. 새롭게 개척해야 할 영상 세계를 이해하고 한 발자국 먼저 나아가면 좋겠다.

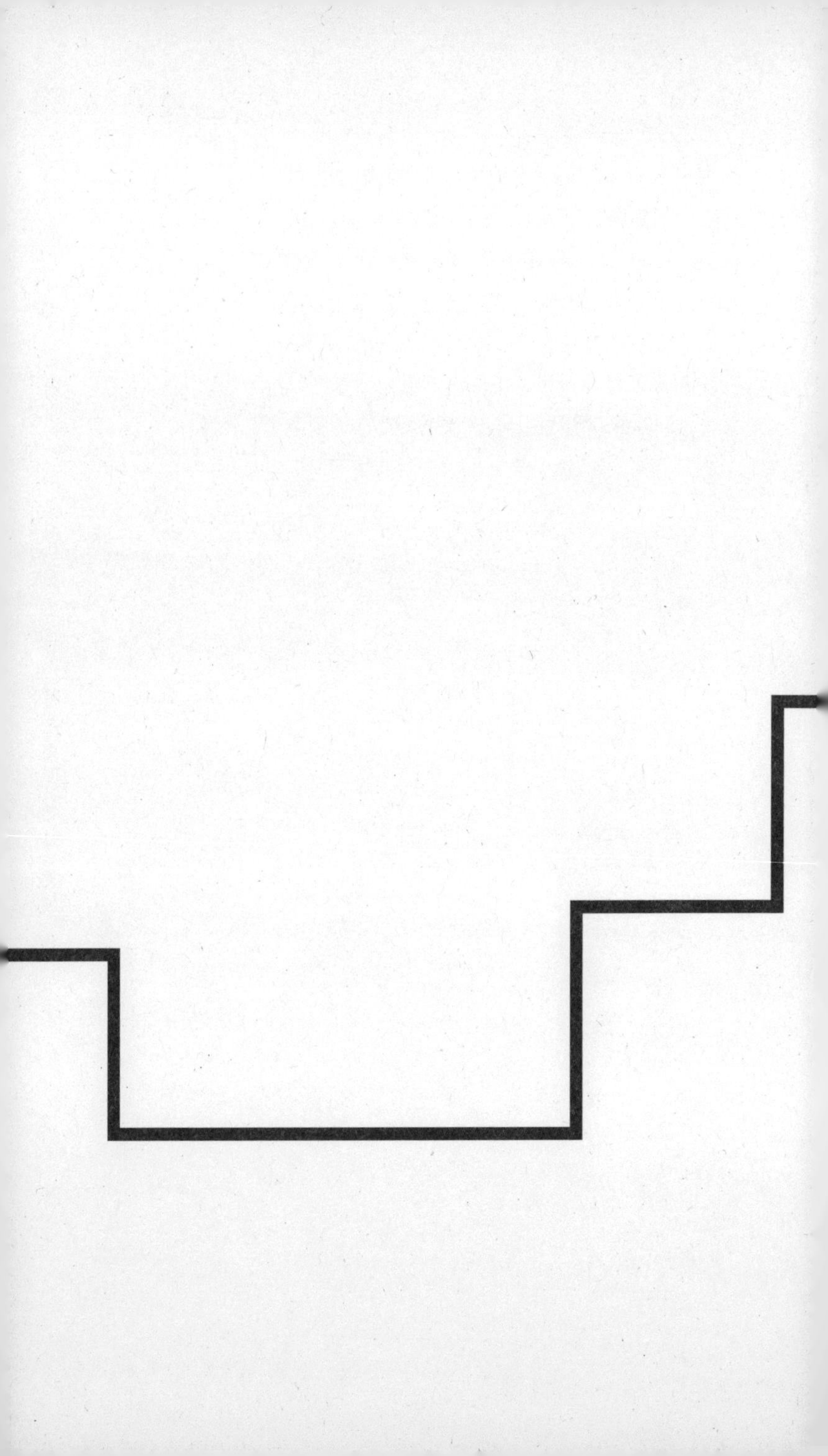

후 제작 Post-production

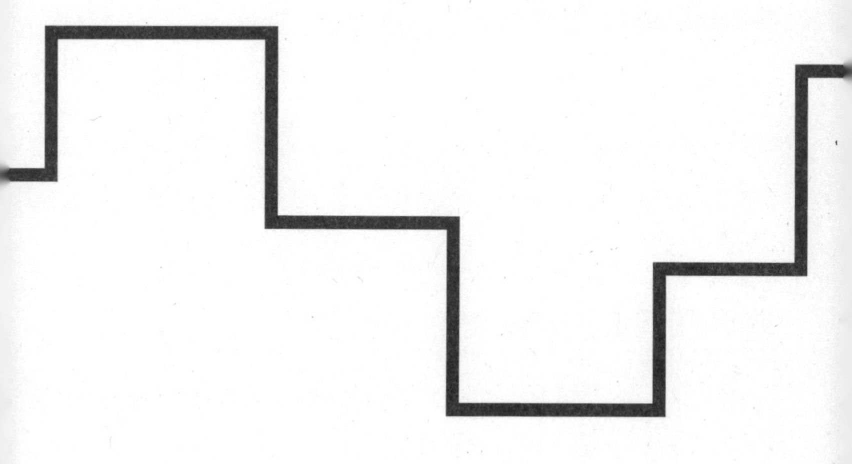

23 편집은 놀이다. Editing I

영상 제작의 마지막 단계인 포스트 프로덕션이다. 기획하고 촬영까지 무사히 마쳤다면 이제는 편집을 거쳐 샷들을 순서에 맞게 배치하고 길이를 조절해서 완성해야 한다. 포스트 프로덕션 전반에 걸친 모든 작업이 편집이라고 할 수 있다. 편집은 종합예술이다. 비디오와 오디오가 합쳐지고 그래픽과 디자인이 만난다. 가능한 모든 것을 조합해서 제작자의 상상력을 현실로 구현한다. 영상을 완성시키기 위해서는 마무리 과정인 편집이 뒷받침되어야 한다. 편집은 포스트 프로덕션 과정에 가장 중요한 키워드인 셈이다.

편집 Editing

편집을 온전히 소개하려면 많은 시간이 필요하다. 이론과 실습을 함께 진행해야 하는데 책으로 실습을 함께 나누기에는 어려움이 많다. 다행히도 시중에는 다양한 편집 프로그램을 다루는 좋은 책들이 많고 유튜브나 인터넷 강의를 통해서도 쉽게 접할 수 있다. 여기서는 실습보다는 편집 전반에 걸친 이야기를 통해 이해를 높이고 종합적인 편집 능력을 쌓으면 좋겠다.

편집은 프로그램만 배우고 사용하는 것이 아니라 종합적인 이해가 필요한 영역이다. 소프트웨어는 각자 사용하기 편리한 것을 고르면 된다. 여러 소프트웨어를 사용해보고 자신에게 맞는 툴을 찾아보자. 편집 툴은 다양하지만 기능적으로는 큰 차이가 나지 않는다. 다만 많은 사람들이 사용하는 프로그램은 그만큼 쉽게 접하고 배울 수 있다는 장점이 있다. 여러 사람이 협업을 하는 시스템이 아니라면 자신이 원하는 만큼 구현할 수 있는 소프트웨어면 된다. 편집이 어려울 것이라는 고정관념만 깨면 누구나 즐겁게 시작할 수 있다.

편집이란 쉽게 이야기해서 퍼즐 놀이라고 생각하면 된다. 재미있는 사실은 정해진 해답이 없다는 점이다. 편집은 재미있는 놀이다. 나는 편집을 시작하기 전에 늘 떨리고 설렌다. 어떤 그림들이 만들어질까 하는 마음에 기대된다. 대본과 콘티로 촬영을 했기 때문에 그대로만 하면 된다고 생각한다면 오산이다. 어느 정도는 맞는 말이지만 일단 시작해보면 이야기는 달라진다. 편집을 시작하면서 모든 것은 다시 시작된다.

선형 편집과 비선형 편집 Linear and Non-Linear editing

영화가 처음 등장했을 때는 편집이 필요 없었다. 촬영본을 영사기에 투사해서 보는 그 자체로 신선하고 재미있었기 때문이다. 하지만 열광하던 사람들은 금세 적응했고 재미는 반감되었다. 지속적인 인기를 끌기 위해서는 더 나은 무엇인가가 필요했다. 이때부터 영화는 산업화되고 비약적인 발전이 시작되었다. 영화만을 위한 스토리가 창작되고 연출이 가미되고 장르도 다양화되었다. 추가적으로 영화적 현실감과 몰입을 위해서는 편집이 필요했다. 불필요한 촬영 부분을 삭제하고 보여주고 싶은 장면들만 연결하면 마법 같은 세상이 펼쳐진다. 당시의 편집이란, 현상된 필름을 눈으로 직접 확인하면서 필요 없는 부분은 가위로 잘라내고 다른 필름을 붙이는 작업이었다. 초창기 영화를 보면 잘라서 붙인 편집의 흔적을 확인할 수 있다. 이렇게 아날로그적인 편집 방법이 발전되어 선형 편집이 되었다.

선형 편집은 시간의 순서에 맞게 편집을 하게 되는데 원리는 간단하지만 작업시간이 오래 걸린다. 먼저 필름으로 촬영한 후에 텔레시네(Telecine 현상한 상태의 네거티브 필름에서 바로 비디오로 전환시키는 것)를 거쳐 테이프로 만든다. 편집을 편하게 할 수 있도록 하는 사전 작업이다. 1:1 가편집을 하고 2:1 종합편집을 거친다. 여기서 1:1, 2:1은 소스 테이프 : 마스터 테이프를 의미한다. 원본에서 OK 컷을 골라내서 레코딩을 반복하는 1차 편집을 한다. 이렇게 얻은 1차 마스터 테이프는 2:1 편집에서 다시 소스 테이프로 활용된다. 소스 테이프는 그대로 살리고 마스터 테이프에 레코딩을 하면서 결과물을 만들어 가는 과정이 선형 편집이다. 이런 시스템이다 보니 수정 작업을 하기가 매우 번거롭다. 중간에 빼야 하는 샷이 생기거나 추가해야 할 샷이 생기면 마스터 테이프를 다시 한번 복사한 뒤 작업을 해야 했다. 그리고 복잡한 교차편집을 해야 하는 경우나 소스가 많을 때는 작업시간이 오래 걸린다. 선형 편집은 장비도 장비지만 아무나 편집을 할 수 있는 시스템은 아니었다. 전문가의 영역이 확고했고 일반인에게 그 문은 굳게 잠겨 있었다.

선형 편집 Linear editing

카메라 장비가 디지털화됨에 따라서 편집 스타일도 달라지게 된다. 편집도 디지털화가 되어야 했고 비선형 편집 방법이 탄생하게 되었다. 비선형 편집은 촬영된 소스를 디지털화해서 컴퓨터 파일로 저장한다. 그리고 편집 소프트웨어를 사용해서 다양한 작업을 한다. 선형 편집에서 하기 힘들었던 작업들이 쉽게 가능해졌다. 이 사이에 아날로그 테이프와 디지털 테이프로 넘어가는 과정도 있었지만 비슷한 테이프 과정이기 때문에 설명은 생략하기로 한다. 현재는 기술이 발전해서 노트북 하나로도 가능한 작업들이 많아졌다. 이제는 편집이라고 하면 당연히 비선형 편집을 말한다.

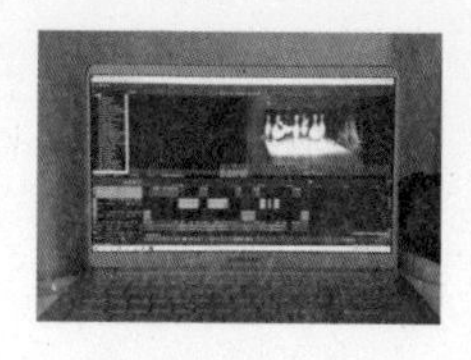

비선형 편집
Non-Linear editing

나는 선형 편집과 비선형 편집을 모두 경험했다. 처음 방송에 입문했을 때는 선형 편집이 주력이었기 때문이다. 하지만 그 뒤로 몇 년 사이에 빠른 속도로 변화되었다. 완전히 사라진 것은 아니지만 이제 선형 편집실은 찾기가 힘들다. 드르륵, 드르륵 조그셔틀 돌아가는 소리가 그립다.

영상에서 시간의 흐름은 중요하다. 따라서 시간의 연속성을 기본으로 편집한다. 모든 편집 툴에는 타임라인이라는 가장 큰 섹션이 있다. 이 타임라인을 기반으로 소스들을 불러와서 적당한 길이로 자르고 붙이고 이어가는 것이 편집이다. 또한 타임라인에는 비디오와 오디오 트랙이 존재한다. 이 트랙들은 무한히 추가할 수 있다. 프리뷰 화면을 보면서 소스들을 추가하고 자르고 이어가면서 편집을 해보자. 기본적인 방법만 익히면 간단한 편집은 어떤 소프트웨어에서도 할 수 있다. 가장 기본적인 룰은 '좌에서 우'로 시간의 흐름대로, '아래에서 위'로 트랙(레이어)을 쌓아가면서 편집한다. 이렇게 시간의 흐름을 쌓다 보면 어느새 자신이 만든 시공간을 만날 수 있다.

편집 툴 Editing Tools

편집 툴은 다양하다. 어도비 프리미어, 베가스, 아비드, 파이널 컷, 다빈치 외에도 많은 소프트웨어가 있다. 소프트웨어별로 사용법은 다르지만 기본 원리는 같다. 그래서 편집의 기본적인 개념을 먼저 파악하는 것이 중요하다. 각 소프트웨어에 대한 소개는 조금만 찾아보면 쉽게 공부할 수 있다. 자신에게 맞는 소프트웨어를 찾아보자. 소프트웨어를 잘 다룬다고 편집을 잘하는 것은 아니다. 사용법은 천천히 익힐 수 있으니 미리부터 겁먹거나 어렵게 생각할 필요도 없다.

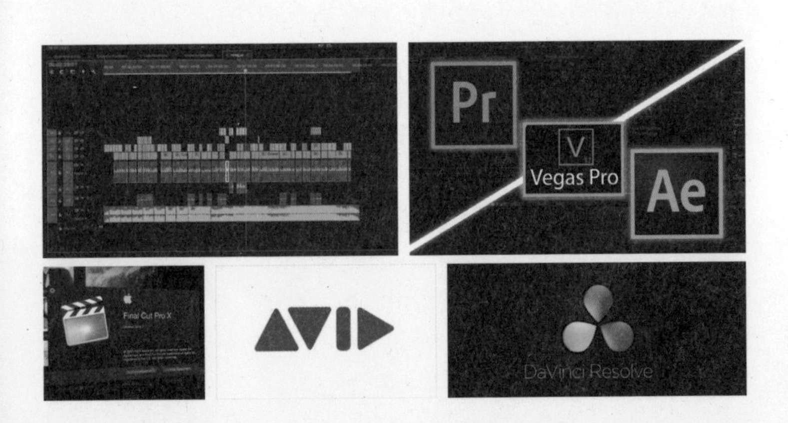

어도비의 프리미어와 애프터 이펙트는 전문가뿐만 아니라 일반인들도 널리 사용하는 소프트웨어가 되었다. 포토샵, 일러스트와 연동성도 원활하기 때문에 사용이 편리하다. 파이널 컷은 애플의 맥 기반으로 쓰이는 소프트웨어다. 안정성이 높고 그래픽 능력이 우수하다는 평가를 받는다. 광고나 영화에서도 많이 쓰이지만 애플 특유의 폐쇄성은 다양한 활용성에서 제약을 받기도 한다. 소니의 베가스 프로, 지금은 매직스로 바뀌었다. 오랜 시간 동안 방송 장비의 중추적인 역할을 담당했던 소니의 프로그램인 만큼 많은 유저들을 확보하고 있었지만 어도비나 애플에 다소 밀렸다. 아비드는 최근 사용이 다소 줄어들었지만 아직까지도 영화나 광고계에서 많이 쓰인다.

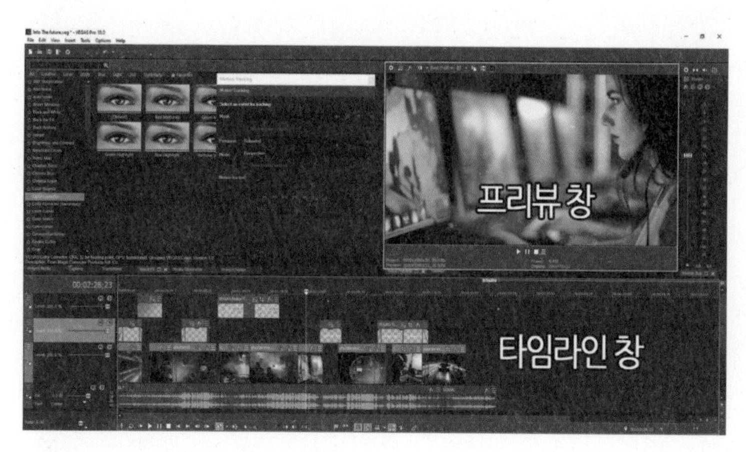

Vegas pro 18

베가스 프로의 기본 화면이다. 레이아웃은 사용자의 편의에 따라서 다양하게 변경이 가능하다. 모든 편집 툴에는 프리뷰 창이 있고 타임라인 창이 있다. 다른 것은 몰라도 이 두 가지만 알고 있으면 기본적인 가편집은 시작해 볼 수 있다. 타임라인에 영상 소스를 올리고 마우스를 이동하면 프리뷰창에서 확인할 수 있다. 알맞은 길이로 자르고 마우스로 드래그해서 원하는 위치에 놓는다. 쉽게 말하면 '자르고 붙이기'를 반복하는 작업이다. 과거의 편집자는 가위를 들고 필름을 잘랐지만 현재는 키보드와 마우스로 영상 소스를 자른다.

손으로는 자르고 붙이는 단순한 작업이지만 머리로는 많은 생각을 하게 된다. 퍼즐의 여러 조각을 연상하며 최적의 조합을 찾는 과정이다. 콘티라는 밑그림을 보면서 자신의 영상 세계를 만들어 가는 과정을 즐겨보자. 촬영된 여러 컷들을 보면서 조합하는 일은 즐겁다. 영상의 조각들은 저마다의 빛과 색을 지니고 있기에 가치가 있다. 이제는 조화롭게 어우러질 시간이다.

24 시간의 흐름 Editing II

가편집과 OK 컷

본격적인 편집을 시작하려면 먼저 가편집을 해야 한다. 가편집이란, 촬영본에서 필요한 샷과 OK 컷을 골라내는 작업이다. 씬에 맞는 샷들을 정리하고 시간의 흐름에 맞추어 배열한다. 본격적인 종합편집을 하기 전에 가편집 과정을 거치는 것을 추천한다. 촬영본을 다시 한번 보면서 OK 컷을 고르다 보면 머릿속에 밑그림이 그려진다. 그리고 B 컷들도 살펴보게 된다. 촬영 때 미처 생각지 못했던 동작들이나 배우의 시선, 움직임 때문에 좀 더 자연스러운 샷을 찾게 되는데 B 컷에서 발견하는 경우가 종종 있다.

가편집을 하면서 전체적으로 어떤 컷들이 있다는 것을 인지할 수 있다. 시간의 흐름대로 붙여가면서 완성된 영상을 가늠해본다. 그런 의미에서 가편집은 매우 중요하다. 작업시간이 추가되는 것 같지만 오히려 단축된다. 만일 종합편집에서 전면적인 수정이 필요한 경우에도 안심할 수 있다. 가편집본으로 다시 시작할 수 있기 때문이다. 무작정 편집을 한다고 종합편집을 한 번에 시도하다가는 다시 수정할 때 의지를 잃게 될 수도 있으니 편집의 감을 익히면서 가편집을 먼저 하는 습관을 들이자.

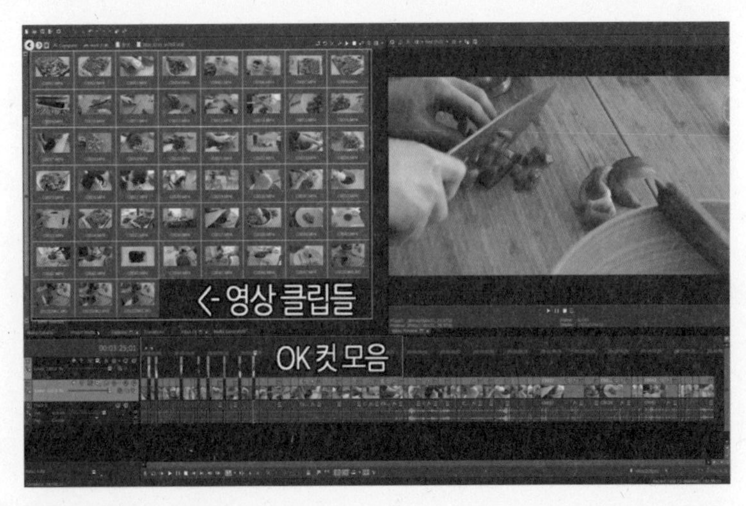

가편집 예 (Magix Vegas pro16)

내가 선호하는 가편집 방법을 간략하게 소개하겠다. 필요한 영상 클립 전체를 시간 순서에 맞추어 타임라인 위에 올린다. 그다음 처음부터 클립을 보면서 OK만 잘라내어 위에 있는 트랙으로 옮겨준다. 자연스럽게 위에 있는 트랙은 OK 컷들로만 구분이 된다. 컷 구분이 끝나면 아래 트랙은 더 이상 쓸모가 없으니 전체를 묶어서 타임 라인 끝 쪽으로 이동시키고 위 트랙에 있는 OK 컷들만 씬에 맞추어 모아준다. 그리고 새로운 프로젝트로 저장을 해둔다. 이렇게 새로운 프로젝트로 저장한 파일은 백업으로 쓸 수 있도록 남겨두고 위 트랙에 있는 OK 컷들로 종합편집을 시작하면 된다. 종합 편집을 하다가 다른 B 컷을 찾고 싶을 때는 가편집 프로젝트를 열어서 확인할 수 있고 원하는 클립만 다시 복사해서 가져오면 된다. 다시 종합편집을 하고 싶을 때에도 편집하던 프로젝트를 지우지 말고 다른 이름으로 저장을 하면 좋다. 나중에 비교할 수도 있고 다른 버전으로 재편집을 할 수도 있기 때문이다. 여기서 소개한 방법만이 정답은 아니다. 편집을 하다 보면 자신만의 길을 찾을 수 있다.

종합편집

가편집에서 이미 충분히 촬영 소스들을 보고 익숙해졌기 때문에 편집에 탄력이 붙는다. 종합편집에서는 가편집본을 바탕으로 세밀한 조율이 필요하다. 콘티와 비교하면서 스토리에 맞는 편집을 하고 컷의 순서를 결정한다. 오디오와 영상 클립이 분리되어 있지 않다면 자연스럽게 오디오도 편집이 될 것이다. 만약에 오디오를 따로 녹음한 경우라면 이 과정에서 비디오와 싱크를 맞춰야 한다. 러닝타임에 맞추어 편집을 해야 하는 경우라면 끝 지점에 미리 END 지점 마킹을 하자. 어느 정도의 시간을 배분해서 편집해야 하는지 감을 잡을 수 있다.

이미 가편집본이 있기 때문에 OK 컷만 붙여보면 대략적인 분량을 알 수 있다. 정해진 시간에 맞추려면 많은 컷을 삭제해야 할 수도 있다. 제작자로서 가장 힘든 시간이다. 애써 촬영하고 공들였던 샷을 포기해야 한다. 하지만 빼는 연습을 하다 보면 촬영할 때 좋은 장면을 연출할 수 있는 노하우가 쌓인다. 모든 샷을 살릴 수는 없다. 과감한 결단이 필요하다. 이런 이유로 편집감독이 존재한다. 객관적으로 생각하며 샷들을 뺄 수 있기 때문이다. 간혹 감독 입장에서 포기하지 못하고 컷의 길이를 줄여서라도 다 보여주려는 시도를 하는 경우가 있다. 좋지 않은 방법이다. 편집에는 리듬이 필요한데 욕심을 버려야 매끄러운 리듬감을 유지할 수 있다.

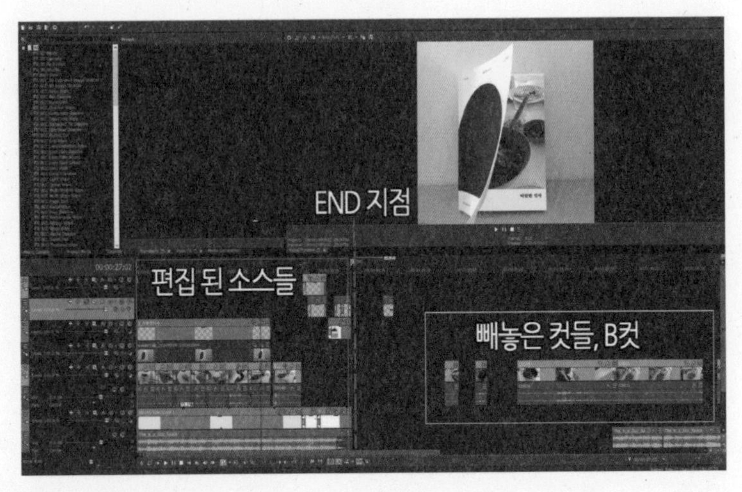

종합편집 예 (Magix Vegas pro16)

객관성을 가지고 편집을 하자. 컷을 뺄 때는 따로 분리해 놓자. 나는 타임라인의 정해 놓은 END 지점보다 뒤로 컷을 빼놓는다. 무조건 지워버리면 나중에 다른 컷과 비교를 하고 싶을 때 또 찾아야 하는 번거로움이 생긴다. 때로는 감독과 편집감독의 의견이 다를 수도 있다. 편집은 의견을 조율하는 과정이기도 하지만 관점이 다르기 때문에 무엇이 옳다고 할 수는 없다. 간혹 상영작과 다른 무삭제 버전이나 디렉터스 컷을 추가한 영화들이 있다. 감독의 원래 생각을 알 수 있는 즐거움이 숨어있다.

컬러 Color
영상의 전체적인 컬러 선택은 중요하다. 컬러 보정으로 드라마틱 한 효과를 느낄 수 있다. 컬러에 신경을 쓰면 영상 전체의 완성도가 달라진다. 모든 편집 소프트웨어는 컬러 컬렉션 작업을 할 수 있는 옵션이 있다. 각각의 기능 차이는 있지만 일정 수준의 컬러 보정이 가능하다.

일차적으로 컬러 작업은 촬영본의 컬러를 보완하는 역할이다. 특히 같은 씬에서 컬러가 튀는 샷이 있다면 바로잡아야 한다. 시각적으로 눈에 잘 드러나기 때문에 보는 사람의 입장에서 많이 거슬리고 스토리를 매끄럽게 이어가는데 방해 요소가 된다. 화면의 밝기와 콘트라스트도 자연스럽게 조절해준다. 스코프(Video scope : 화면의 밝기와 RGB 정보를 보기 쉽게 그래픽으로 표현함) 창을 활성화해서 그래프를 보면 작업하는 데 도움이 된다. 눈으로만 작업하게 되면 과한 밝기가 되거나 노이즈가 발생할 수 있다. 컬러 작업은 자연스럽고 선명하게, 깨끗하게 보이도록 한다. 하지만 특별하게 원하는 색감이 있다면 느낌을 살려서 조절해보는 것도 좋다.

나는 어느 정도 편집이 마무리되는 시점에서 컬러 작업을 진행한다. 컬러 보정이 된 영상 클립이 많아지면 컴퓨터가 점차 느려지기 때문이다. 영상의 길이가 길어지고 컬러 작업이 많아질수록 프로그램이 무거워진다. 씬에 따라서 트랙을 구분해서 편집하면 컬러 작업을 하는 데 도움이 된다. 전체 트랙에 기본적인 컬러 보정을 한 후 세부적으로 조절이 필요한 컷들을 만져주면 작업에 속도가 붙는다. 영화, 드라마, CF 등은 DI(Digital Intermediate : 전문적으로 촬영본의 색 보정 및 밝기와 컬러 작업을 함)를 먼저 진행하고 편집을 하기도 한다. 처음 DI 작업실에 가서 촬영본과 보정 후의 결과를 보았을 때 감탄사가 나오던 순간이 기억난다. 마법사가 빛나는 가루를 뿌리면 비슷한 효과가 날 것 같다.

인상 깊은 영화의 색감은 오랜 시간 기억에 남는다. 매트릭스, 밴드 오브 브라더스, 스파르타 등의 영화도 특별한 컬러감이 없었다면 영화를 보는 재미는 반감되었을 것이다. 자신만의 독특한 색감을 만들어 보는 것도 좋은 방법이다.

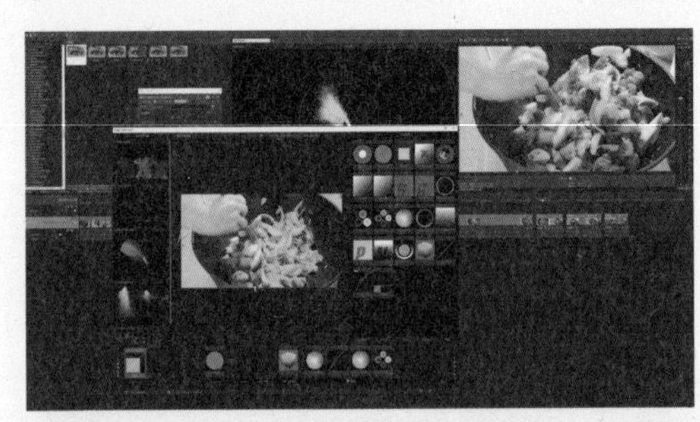

컬러 보정 작업
(Magix Vegas pro16)

화면 전환과 비디오 이펙트 Transition & Video Effect

화면 전환은 적절한 부분에 효과를 주어야 좋은 결과를 얻을 수 있다. 소프트웨어별로 제공하는 화면 전환은 매우 다양하다. 처음에는 어떤 전환들이 있는지 천천히 알아보는 시간이 필요하다. 화면 전환을 하나씩 적용해 보면서 영상과 어울리는 느낌을 찾아보자. 같은 효과도 영상 느낌과 분위기에 따라 달라진다. 화면 전환을 적용할 때는 여러 번 반복 재생을 하면서 확인해보자. 처음엔 괜찮아 보였던 효과가 여러 번 보면 지루해질 수도 있다.

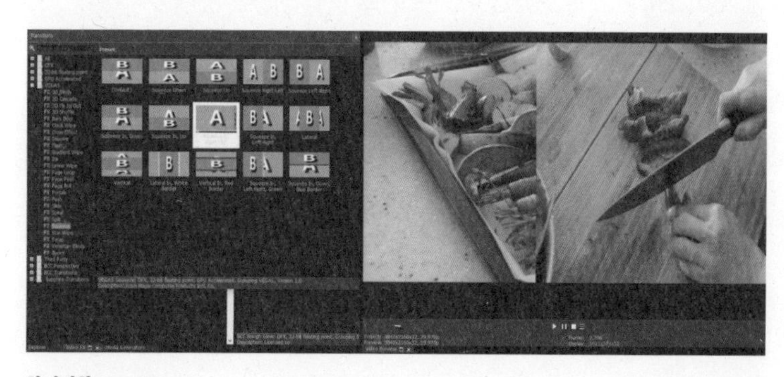

화면전환 Transition

비디오 이펙트도 소프트웨어별로 다양하게 적용할 수 있다. 무엇이 있는지 알아야 이용할 수 있기에 차근차근 적용해보면서 알아가는 시간이 필요하다. 비디오 이펙트 역시 무분별한 사용은 하지 않는 것만 못하다. 이펙트와 트랜지션을 잘 이용하려면 모션그래픽 영상을 참고하면 좋다. 최신 스타일의 영화 예고편이나 뮤직비디오를 감상해보자. 세련된 영상들을 풍부하게 접하다 보면 편집의 감도

키울 수 있다. 어떤 부분을 강조하는지, 어떤 효과가 들어가는지, 어떤 리듬이 살아있는지를 살펴보자. 영화 본편 편집에는 효과를 많이 적용하지 않지만 예고편에는 많이 쓰인다. 한순간에 시선을 집중하기 위함이다. 영상의 목적에 따라서 효과를 적용한다면 기대한 만큼의 성과를 낼 수 있다.

비디오 이펙트 Video Effect

영상 소스에만 트랜지션을 적용하라는 법은 없다. 자막이나 그래픽 소스에도 적절하게 적용해서 재미를 더할 수 있다. 비디오 이펙트와 트랜지션을 섞어서 개성 있는 편집을 구현해보자. <trailers.apple.com>은 편집 아이디어가 떠오르지 않을 때 자주 가는 사이트다. 수많은 영화 예고편을 쉽게 볼 수 있다. 안목을 높이는 좋은 방법이다.

25 편집의 확장 Editing III

합성 Composite

영상의 합성 기술은 필름을 쓰던 시대에서 시작된다. 현상된 필름을 겹치는 것만으로 흥미로운 영상을 얻을 수 있다는 사실을 알게 되었다. 다른 곳에서 촬영된 영상 소스를 함께 빛에 투과하고 새로운 필름에 복사하기도 하면서 합성은 다양해졌다. 현실과는 또 다른 영상 세계를 접하게 되었다. 합성은 넓은 의미로 보면 두 개 이상의 영상이 합쳐진 것이라 할 수 있다. 촬영본만이 아닌 다양한 영상 소스와 그래픽을 적절하게 합성하여 완성도를 높일 수 있다. 편집 프로그램에서 하나씩 합성 모드를 적용하면서 눈으로 확인해보자.

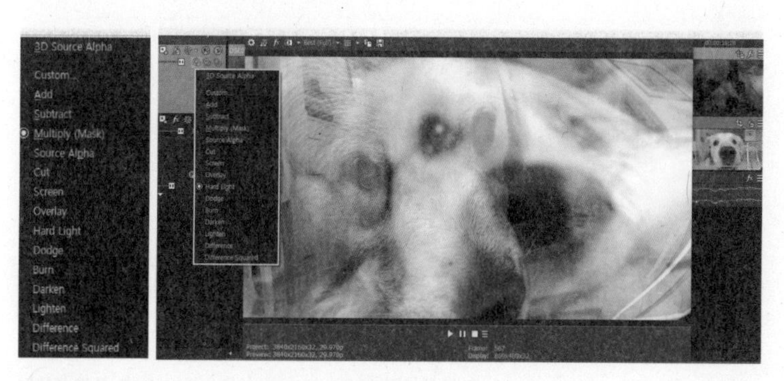

다양한 합성 예 (Hard Light를 이용해 위, 아래의 영상을 합성)

타임라인에는 아래에서 위로 비디오 트랙을 쌓을 수 있다. 영상 클립을 타임라인에 올리면 겹쳐진 아래쪽 트랙의 영상 클립은 가려진다. 아무리 겹겹이 쌓아도 제일 윗부분에 있는 영상 클립만 프리뷰 창에 보인다. 겹쳐진 영상의 투명도를 조절하면 그제서야 가려졌던 영상이 보인다. 가장 쉬운 합성 방법이다. 빛, 색, 밝기를 응용해 다양한 합성을 시도해보자. 예상치 못한 멋진 효과처럼 보일 수도 있다. 영상에 자막이나 아이콘을 함께 넣고 싶다면 배경이 없는 소스 파일이 필요하다. 그래픽 합성을 위해서는 포토샵에서 작업된 파일이나 png 형식의 파일을 상위 트랙에 겹쳐 올려주면 된다. 여기서는 이 정도만 소개하는 것이 좋겠다. 합성을 응용하면 영상의 표현력이 풍부 해진다. 기술이 아닌 원리를 이해하면서 시도해보자.

크로마키 Croma-key

특수 촬영에서 소개한 크로마키 이야기를 다시 해보자. 가장 유용하고 많이 쓰는 크로마키 합성을 눈여겨볼 필요가 있다. 크로마키 합성은 특정한 컬러를 지정하고 그 컬러 값을 제외한 나머지 컬러를 합성하는 방법이다. 보통은 인간의 피부색과 가장 반대되는 컬러인 블루, 그린을 많이 쓴다.

예를 들어 뉴스의 일기예보를 생각해 보자. 그래픽 요소가 가미된 배경과 기상 캐스터가 적절하게 합성되어 표현된다. 만약에 기상 캐스터의 옷 색상이 푸른 계열이라면 합성 시에 투명 인간으로 변신할 가능성이 크다. 크로마키 촬영을 할 때 반드시 체크해야 하는 부분이다. 의상과 액세서리 색상을 확인하자. 실제로 생방송 중에 투명 인간이 된 기상 캐스터도 있었다. 그럴듯한 합성을 위해서는 촬영 과정부터 편집을 고려해야 한다. 배경 소스를 미리 준비하여 촬영 현장에서 바로 확인하는 방법도 좋다. 이런 과정을 거치면 완성도 높은 합성이 가능해진다.

크로마키 합성을 응용한 영화의 한 장면.
Schindler's List / Steven Spielberg 1993

영화 <쉰들러 리스트>는 크로마키 합성을 멋지게 응용한 좋은 예시다. 흑백 영화로 제작되었는데 아이의 코트만 붉은색으로 표현되었다. 우울한 수용소에서 희망의 상징일 수도 있고 피로 물든 아픔의 상징일 수도 있다. 간단한 합성 기술이지만 그 강렬한 느낌은 많은 사람들에게 감동을 선사했다. 감독은 이 장면을 위해 영화 전체를 흑백으로 제작했는지도 모른다. 강력한 메시지다. 편집 소프트웨어에서는 크로마키 합성을 지원하기 때문에 쉽게 활용할 수 있다. 다양한 크로마키 촬영으로 소스 영상을 촬영하고 편집해보자. 마법 같은 장면도 표현할 수 있다. SF 영화의 기본도 크로마키 촬영이다.

마스크 Mask

마스크는 그래픽 합성에 많이 쓰인다. 다양한 자막 효과나 화면전환, 이펙트 효과에서도 마스크 합성을 통해 재미있는 편집이 가능하다. 얼굴에도 마스크를 쓰면 얼굴이 가려지는 것처럼 영상에도 마스크로 보여주고 가리고 싶은 부분을 가릴 수 있다. 마스크 합성에서는 흰색은 보이게, 검은색은 가린다는 것만 기억하자. 예를 들어, 흰색 텍스트를 마스크로 변환하여 합성하면 텍스트 부분에는 아래 트랙에 있는 영상이 보인다. 텍스트 안에서 영상이 움직이는 것을 표현할 수 있게 된다.

마스크 된 흰색 텍스트 부분에만 아래 트랙의 이미지가 보인다.

마스크 합성을 연구하면 재미있고 기발한 영상을 만들 수 있다. 다양한 모션그래픽 영상들을 찾아보자. 모션그래픽의 기본은 마스크 합성이라고 해도 과언이 아니다. 고민해 보고 따라 하다 보면 자신만의 새로운 시도도 가능해진다.

자막

자막은 크게 두 가지의 역할을 한다. 하나는 정보 전달이다. 말자막을 비롯해 사실에 대한 정리, 정보 강조 등 제작자가 시청자에게 직접적인 메시지를 전달한다. 다른 역할은 디자인적 의미다. 화면을 구성하는 데 있어서 자막의 역할은 크다. 영상 전체의 느낌을 좌우할 수도 있다. 특히 자막이 많이 필요한 영상이라면 디자인에 많은 노력을 기울이자. 전체적인 통일성, 개성, 강조, 신선함, 컬러, 폰트 등을 고려해보자.

영상은 멋진데 자막이 볼품없다면 안타깝다. 자막에 대한 아이디어는 다른 영상들을 참고하는 것도 필요하지만 잡지를 활용하는 것도 좋다. 잡지는 타이포그래피와 디자인에 많은 공을 들인다. 세로 프레임이라서 영상과는 차이가 있지만 충분히 응용할 만하다. 잡지에 쓰인 타이포그래피를 눈여겨보고 적용한다면 세련된 영상을 기대할 수 있다. 타이포그래피는 디자인의 한 영역으로 자리매김한 만큼 공부할 만한 가치가 있다. 평소 마음에 들었던 디자인을 사진으로 남겨두는 것도 좋은 방법이다. 새로운 프로젝트에 들어가기 전에 그동안 모아 놓은 사진에서 컨셉을 찾아보자. 보물을 발견할지도 모른다.

Eye Magazine - Typography

CG Computer Graphic

컴퓨터 그래픽 없이 영상을 제작한다는 것은 이제 힘들 것 같다. 하다못해 자막을 넣는 것도 일종의 컴퓨터 그래픽이기 때문이다. SF 영화처럼 고난도의 CG를 사용할 수는 없겠지만 요즘에는 벽이 낮아져서 다양하게 시도해볼 수 있다. 앞서 이야기한 화면전환과 모션 그래픽도 일종의 CG라 할 수 있고 애니메이션, 2D, 3D 등 세세하게 나누면 더 많아진다.

CG는 또 하나의 예술 영역이고 전문 영역이다. CG로 작품 활동을 하는 예술가들도 있다. 직접 촬영한 영상에 자신이 창작한 디지털 작품을 더하여 새로운 시도를 한다. 우리나라에는 헐리우드에서 작업 의뢰가 들어올 정도의 능력 있는 CG 전문가들이 많다. CG에 매력을 느낀다면 도전해볼 가치가 있는 분야다. 앞으로 발전 가능성도 크고 응용할 수 있는 영역도 광범위하다. 애프터 이펙트, 마야, 시네마 4D 등 전문가용 소프트웨어를 다룰 수 있다면 상상력을 표현할 수 있는 범위가 달라진다.

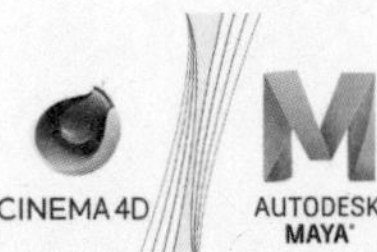

소프트웨어를 조금만 다룰 수 있어도 시중에 나와 있는 템플릿을 활용한 멋진 영상을 구현할 수 있으니 시도해보면 좋겠다. 로고나 인트로 영상을 시작으로 천천히 확장해 보자. 누구나 처음은 있는 법이다.

오디오 편집

편집은 한 번에 끝나는 작업이 아니다 보니 여러 번 반복적으로 작업하게 된다. 대략적으로 순서를 맞추고 세밀하게 그림을 맞추었다면 이제는 오디오를 신경 써야 할 차례다. 영상에서 오디오가 차지하는 비중은 매우 높다. 하지만 생각보다 많은 사람들이 중요하지 않게 생각해서 지나치는 부분이다.

시각적인 완성도가 높더라도 오디오를 끄고 보면 느낌이 완전히 달라진다. 오디오가 없다면 얼마나 밋밋한 지 시험해보자. 오디오가 있더라도 적절하게 정제되지 않은 오디오는 귀를 괴롭힌다. 작은 소리도 민감하게 거슬릴 수 있다. 현장의 배경소음이 깔려 있다가 추가된 샷 몇 개에서 오디오만 삭제해도 금방 티가 난다. 다른 대사가 있었던 것도 아니고 그냥 배경소음일 뿐이라도 그렇게 티가 난다. 이런 오디오의 특성 때문에 오디오 편집을 하지 않으면 영상의 완성도가 떨어진다.

적절한 효과음과 배경음악은 영상의 가치를 더욱 돋보이게 한다. 전체적인 볼륨과 조화로움을 생각해서 넣도록 하자. 영상과 어우러짐이 있어야만 그 효과가 살아난다. 특히 내레이션이나 배우의 대사가 있는 경우에는 볼륨 조절에 많은 신경을 기울여야 한다. 대사가 잘 들리지 않는 영상만큼 시청자를 짜증 나게 만드는 것도 없다. 보는 사람은 이내 영상을 꺼 버릴 것이다.

무엇보다 촬영 시에 담는 오디오가 가장 중요하다. 대화가 있는 씬이나 인터뷰를 할 때는 반드시 모니터링을 하면서 녹음하자. 씬을 모두 촬영한 후에는 배경음을 일정 시간 동안 녹음해 두면 유용하다. 편집할 때 들쑥날쑥한 배경음을 잘 정리할 수 있는 소스가 된다. 효과음은 너무 빈번하게 사용하면 오히려 느낌이 반감되니 과하지 않게 사용하면 좋겠다.

영상을 플레이하면서 오디오 볼륨 레벨을 확인해 보자. 레벨 그래프 색상은 초록색, 노란색, 빨간색으로 나타난다. 빨간색까지 레벨이 올라가지 않도록 조절한다. 간혹 인터뷰를 할 때 마이크를 건드리거나 손뼉을 치는 경우, 큰 소리가 녹음된 경우에 빨간색이 뜬다. 이런 소리들을 잘 조절해 주고 깔끔하게 정리하는 것만으로도 오디오 편집의 효과를 볼 수 있다.

나는 편집 작업을 할 때 배경음악을 먼저 고르는 편이다. 음악들을 잘 선별해 놓으면 이미 멋진 영상이 만들어진 것 같은 기분이 든다. 음악의 분위기에 영상이 잘 어우러지면 완성도가 높아지고 리듬감 있는 편집도 가능해진다. 요즘에는 전문 오디오 편집실에 가지 않아도 쓸 수 있는 음원들이 많아졌다. 작업을 많이 하는 편이라면 유료 서비스도 생각해 볼 만하다. 장르별로 음악이 잘 정리되어 있고 감각적인 새로운 음원들이 자주 업데이트되는 곳인지 확인해보자. 무료 음원들도 좋은 소스가 많지만 찾는데 시간을 많이 할애해야 한다. 배경음악은 제작자의 취향을 따라가기 마련이다. 자칫하면 늘 비슷한 음악들만 쓰게 된다. 평소에 다양한 장르의 음악을 들으면서 분위기를 느껴보면 도움이 된다. 제작하는 영상의 목적에 따라 잘 어울리는 음악을 매칭 시켜보자. 선곡만 잘해도 영상이 살아난다. 오디오는 영상 작업의 '화룡점정(畵龍點睛)'이다.

오디오 편집

26 에디톨로지 Editology

'창조는 편집이다.'

문화심리학자 김정운 교수의 저서 <에디톨로지>의 부제목이다. 편집에 대한 광범위한 내용을 담고 있는 이 책을 보며 세상의 수많은 정보들 중에서 어떤 것을 취하고 버릴까에 대한 고민을 해본다. 세상은 주관과 목적이 있는 편집 능력을 요구한다. 무엇을 취하고 무엇을 버릴 것인가? 매 순간 선택의 저울을 놓고 고민한다.

영상 편집도 에디톨로지의 한 영역이다. 다양한 소스를 선택해서 자신만의 창작물을 만들어 가는 과정이다. 그 과정이 즐겁고 보람되면 좋겠다. 많은 사람들이 의욕적으로 시작하지만 대다수는 시도해 본 것으로 만족한다. 꾸준히 작업을 하기 위해서는 자신만의 계획을 세우면 도움이 될 것 같다. 그런 의미에서 제작 D-day를 설정하는 것은 좋은 방법이다. 정해진 기한이 생기면 어찌 되었든 결과물이 나온다. 그 기한 안에서 최대한의 능력을 쏟아내는 것은 각자의 몫이다.

다양한 책과 영화, 음악, 예술작품 등에서 원천과 아이디어를 얻기 위해서는 부지런한 노력이 요구된다. 어떤 배경음악을 쓰면 좋을지, 전체적인 디자인과 색감, 폰트 등 충분히 생각할 시간을 가지면 좋겠다. 종합 예술을 위해서는 스스로 예술가가 되는 시간도 필요하다. 최대한 많은 정보를 접해야 좋은 결과를 낼 수 있다. 이런 노력을 어렵게 생각하지는 말자. 일상에서 다양한 분야의 책과 예술, 음악과 영화를 즐기면서 내가 적용해보고 응용할 것들을 기억하고 메모하는 습관을 들이는 것만으로도 도움이 될 것이다.

하나의 영상에는 수많은 소스들이 필요하다. 파일과 폴더 정리에 신경을 쓰면 작업하기가 수월 해진다. OK 컷과 B 컷을 간결하게 구분해두면 필요할 때마다 다시 찾는 번거로움이 줄어든다. 편집 작업을 하면서 수시로 작업 파일을 저장하는 일은 당연한 일이지만 몇 번을 강조해도 부족하지 않다. 수정이 필요할 것 같은 시점이나 장면의 구분, 색 보정과 음악 편집 등 영상 전체적인 부분을 편집할 경우에는 다른 이름으로 추가 저장을 하면 도움이 된다. 과거 리니어 편집과 비교했을 때 가장 큰 장점은 얼마든지 수정이 가능하다는 점이다. 다양한 시도를 해보는 것은 그만큼 다양한 공부와 경험으로 남는다.

잘 만들어진 영상들을 참고하면서 자신의 느낌으로 표현하는 연습을 하면 좋겠다. 모방은 창조의 어머니이고 창조는 편집이라고 했으니, 모방 편집을 많이 하면 분명 얻는 것이 있다. 유럽의 미술관에서 아이들부터 성인까지 거장들의 그림 앞에서 따라 그리는 연습을 하는 것도 이런 이유에서다. 좋은 작품은 가장 훌륭한 스승이 되어 줄 것이다. 다양한 경험이 충분히 쌓여야 자신만의 개성도 드러난다.

영상 편집에 대한 이야기를 마무리 지으며 몇 가지 덧붙여 보았다. 반드시 알면 좋겠다고 생각했던 것들을 정리했지만 글로만 다루기에는 부족함을 느낀다. 이 책에서는 영상 제작에 대한 전체적인 그림을 그려보는 것을 목적으로 했기에 자세한 세부 내용들은 숙제로 남겨둔다. 막연하게 생각되었던 영상 제작의 문턱이 조금 낮아졌기를 희망한다. 모든 배움이 그렇듯이 실제로 해보면 버겁다는 생각이 들 수도 있고 생각했던 것보다 쉽게 느껴질 수도 있다. 그 과정을 충분히 즐길 수 있기를 응원한다. 편집 소프트웨어를 배울 수 있는 좋은 책과 강의가 많기 때문에 침착한 마음으로 하나씩 배워보고 직접 해 본다면 어렵지 않게 다룰 수 있다. 서두르지 말고 차근차근 걸어가보자. 이제 여러분 안에 있는 '에디톨로지'를 만날 시간이다.

어떤 제작자가 되어야 할까

"우물쭈물하다가 내 이럴 줄 알았지."
존경하는 작가 '버나드 쇼'의 묘비에 적힌 글이다.

우물쭈물하다가 아무것도 할 수 없을 것 같아서 쓰기 시작했는데 어느덧 시간이 흐르고 조금씩 쌓여서 마무리가 되었다. 영상 제작을 시작하는 분들께 도움이 되면 좋겠다는 마음으로 용기를 내어 원고를 끝냈다.

이제는 컴퓨터가 없어도 영상 제작이 가능한 시대가 되었다. 스마트폰이 그 역할을 감당하기에 부족함이 없다. 세상을 향해 누구나 자신의 목소리를 전달할 수 있다는 것은 인류가 이루어낸 또 하나의 커다란 도약이다. 과거 지상파가 이끌던 미디어의 힘은 이제 개인에게로 넘어갔다. 개인 방송의 구독자가 수백, 수천만에 이르는 인플루언서도 있다.

자신의 목소리를 낼 수 있는 환경이 갖추어지는 것은 큰 장점이지만 그에 따르는 부작용도 무시할 수는 없다. 물론 개인의 의견을 마음껏 표현하고 이야기할 수 있는 것이 당연한 자유고 그것이 개인 방송의 묘미다. 하지만 부적절한 내용과 무분별한 언어 사용으로 생기는 부작용에 스스로 책임질 수 있는 환경이 되어야 제 역할을 했다고 할 수 있다. 자신이 만들어낸 콘텐츠를 남용하지 않는 스스로의 가이드라인이 필요한 시기가 되었다.

제작자는 누구나 자신의 콘텐츠가 세상의 빛을 보고 많은 사람들에게 사랑받기를 원한다. 하지만 더 많은 관심과 클릭을 유도하기 위해, 무엇보다 돈을 위해 끝없이 자극적으로 변질되고 있는 것이 현주소다. 공익적인 유익을 고민할 필요가 있다. 제작자의 윤리에 대한 스스로의 엄격한 잣대가 필요하다. 윤리 잣대의 올

바름과 영상의 흥미는 반드시 비례하는 것은 아니기 때문에 영상의 인기만 좇다 보면 보는 이들에게 어떤 영향을 주게 될지 미처 생각하지 못하게 된다.

가이드라인이 정해지지 않았기에 모호하지만 스스로 자신의 컨텐츠를 검증하는 절차가 필요하다. 가장 쉬운 가이드라인을 정해보자. 내가 만든 영상을 나의 자녀에게 떳떳하게 보여줄 자신이 있는지. 자녀가 없더라도, 지금 학생이라도 미래의 그들을 상상해보자. 자녀에게 보여줄 수 없는 영상이라면 다른 사람에게도 보여주지 말아야 한다. 자신이 만든 콘텐츠가 누군가에게는 독약이 될 수도 있다. 제작자의 역할은 스스로의 책임을 다 할 때 비로소 빛을 발하게 된다.

마무리가 무거워지는 느낌이지만 이 책의 모든 내용 중에 가장 중요하다고 생각한다. 스스로 인정할 수 있는 윤리적 제작자가 되자. 좋은 콘텐츠의 조건에 대해 다시 생각해보자. 사람들의 호응과 반응은 중요하지만 그것 만이 전부는 아니기에 '좋아요'와 '구독자'만 초점을 맞춘 제작자가 되려 하지 말자. 스스로가 밝힐 수 있는 진실을 말하고 진정성이 있는 콘텐츠는 언젠가 빛을 발한다.

수많은 사람들에게 이야기한다는 것은 아무에게도 이야기하지 않는 것과 같다. 대상을 너무 광범위하게 잡으면 나의 언어는 너무도 부족해 보인다. 아무도 없는 계곡에 소리치면 메아리만 돌아오는 것처럼 세상을 향해 하고 싶은 말과 대중이 듣고 싶은 말 사이에는 커다란 계곡이 자리잡고 있다. 그 계곡을 이을 수 있는 다리 같은 제작자가 되면 좋겠다.

영상 제작에 도움이 되는 사이트 소개

디지털 업계 관련 소식
https://ditoday.com/
http://www.bloter.net/

최신 미디어 장비
https://kobashow.com

미디어 아트
http://www.dstrict.com/kr/

단편영화
http://www.cinehubkorea.com

영화 예고편
https://trailers.apple.com/

감각적인 광고 영상들
https://ridleyscott.com/

유튜브에 싫증날 때
https://vimeo.com/

디자인
http://mdesign.designhouse.co.kr/

폰트
http://www.fontclub.co.kr/

마음 맞는 스텝들을 찾는다면
https://www.filmmakers.co.kr/

영상 템플릿

https://www.velosofy.com/

https://motionarray.com/browse/

https://elements.envato.com/

영상 소스

https://stock.adobe.com/kr/

https://www.shutterstock.com

https://artgrid.io/

음악

https://soundcloud.com/

https://www.beatport.com/

음원 소스

https://www.epidemicsound.com/

https://freeplaymusic.com/

http://dig.ccmixter.org/

https://artlist.io/

목소리 더빙

https://www.vocalware.com/index/demo

https://www.ncloud.com/product/aiService/clovaVoice

음성을 텍스트로

https://clovanote.naver.com/